TOUTE LA FONCTION

Directeur de site industriel

TOUTE LA FONCTION

Directeur de site industriel

Myriam Abadie
Stéphane Lefèvre

DUNOD

Crédits iconographiques :
Page 51 : raw material by Azam Ishaq from Noun Project ; production line by ProSymbols from Noun Project ; inventory by Cherry from Noun Project ; inventory by Cherry from Noun Project
Page 120 : Doughousediaries
Page 144 : group by mikicon from Noun Project ; leader by Udin Opus from Noun Project ; leader by Creative Mania from Noun Project interaction by Nithinan Tatah from Noun Project ; graphic by Bedeschi Leonardo from Noun Project
Page 158 : Michel Milon

Mise en pages : Belle Page

NOUS NOUS ENGAGEONS EN FAVEUR DE L'ENVIRONNEMENT :

PAPIER CERTIFIÉ

Nos livres sont imprimés sur des papiers certifiés pour réduire notre impact sur l'environnement.

Le format de nos ouvrages est pensé afin d'optimiser l'utilisation du papier.

Depuis plus de 30 ans, nous imprimons 70 % de nos livres en France et 25 % en Europe et nous mettons tout en œuvre pour augmenter cet engagement auprès des imprimeurs français.

Nous limitons l'utilisation du plastique sur nos ouvrages (film sur les couvertures et les livres).

11 rue Paul Bert, 92240 Malakoff
www.dunod.com

ISBN 978-2-10-087117-9

Remerciement

La rédaction de ce guide a été rendue possible grâce à la contribution d'un entourage professionnel passionné, désireux de partager ses expériences et de rassembler des informations clés pour un directeur de site. Nous tenons ainsi à exprimer notre profonde gratitude à tous ceux qui ont contribué à la réalisation de ce livre :

- **les directeurs de sites industriels** qui ont apporté leurs précieux témoignages en consacrant de leur temps pour partager leur motivation pour ce métier exigeant ;
- **nos contradicteurs** qui nous ont poussés à concentrer l'essentiel et à préciser l'impact de notre propos ;
- **nos relecteurs** des versions une et énième apportant leur expertise des fonctions clés des usines ;
- **nos inspirateurs** bien avant l'écriture de ce livre et tout au long de notre parcours : nos différents responsables hiérarchiques dont certains ont été de vrais mentors, nos équipes, ainsi que nos collègues actuels et passés.

Nous adressons un merci tout particulier à :

- **Jean-Pierre Michel,** ancien directeur général de Vallourec, qui nous a fait l'honneur de sa préface et qui a immédiatement soutenu notre initiative ;
- **Jean-Claude Douthe,** fondateur et dirigeant de la société de conseil Valessentia dont l'accompagnement dans différents environnements industriels a forgé notre conception du rôle du directeur d'usine.

Enfin, nos chaleureux remerciements à **nos familles et proches** qui ont permis et façonné nos parcours de vie, ainsi que nos évolutions professionnelles.

Table des matières

Remerciement V

Préface 1

Savoirs

Chapitre 1 **Le rôle et les enjeux de la fonction** 7

Tentative de définition 8

Son impact sur l'environnement économique et industriel 13

Sa place dans l'organisation d'une entreprise industrielle 14

Chapitre 2 **La formation et le profil du directeur de site industriel** 17

La formation académique 18

L'apprentissage 19

La nécessité de tout le temps se former 21

Les différentes phases du cycle de DU 23

Chapitre 3 **Les connaissances requises dans les différents domaines de performance** **25**

La sécurité, la santé et l'environnement 26

Les ressources humaines 31

La qualité 38

La supply chain 39

Le management de la performance industrielle 42

La Gestion des coûts 55

La performance stratégique au niveau du site 58

Chapitre 4 **Les pièges à éviter** **61**

« Alice au pays des KPI » 62

Le reporting : une fausse mauvaise idée 67

Le syndrome du facteur 68

Le fonctionnement en étoile 68

Savoir-faire

Chapitre 5 **Qu'est-ce qu'une usine qui fonctionne bien ?** **71**

Les indicateurs tangibles et intangibles 72

S'il ne devait rester que trois indicateurs 73

Chapitre 6 **Agir sur les différents domaines de performances** **75**

Comment garantir la sécurité du personnel ? 76

Comment préserver au mieux l'environnement ? 79

Comment mettre en place les meilleures équipes et organisations possibles ? 80

Comment livrer des produits de qualité en temps et en heure ? 85

Comment obtenir la meilleure performance industrielle et financière ? 89

Chapitre 7 Accroître son impact grâce à des méthodes simples et éprouvées 113

Durant la phase d'intégration 114

La restitution de l'intégration 119

Durant la phase de diagnostic 120

La création de la feuille de route 122

La gestion du changement et la mobilisation d'un état d'esprit 124

Gérer son temps au mieux 128

La dimension terrain et les relations sociales 130

Participer à la satisfaction du personnel par l'amélioration des conditions de travail 134

Savoir-être

Chapitre 8 Les caractéristiques incontournables d'un directeur d'usine 137

Chapitre 9 Les bons principes du directeur d'usine 143

Le principe d'éthique 144

Le bon processus conduit au bon résultat 147

Le potentiel de progrès 148

Bon du premier coup 149

L'approche globale *versus* les optimisations locales 152

Chapitre 10 **Les interactions avec les différents partenaires** **155**

La force d'une équipe de direction 156

Le chef 159

Les représentants du personnel 161

Les autres entités du groupe 163

Les fournisseurs et sous-traitants 165

Les consultants 167

Les managers de transition 169

Les auditeurs 170

Les pouvoirs publics 172

Le ou les mentors 175

Les pairs 176

Chapitre 11 **Témoignages de directeurs de sites industriels** **179**

Christophe Michel – Une usine sans directeur 180

Cédric Souillart – Qui pensait que le DU est un surhomme inaccessible 182

C. Millis – Devenir DU, une évolution professionnelle logique 185

Gonzague de Gevigney – DU, un parcours riche de réalités humaines 186

Ínigo Vélaz – D'une ligne de production à l'usine globale 189

David Grapotte – Couteau suisse équilibriste sous adrénaline 192

Jean-Pierre Bardon – Mettre en œuvre une vision 195

Samuel Mazet – Le goût des chiffres, l'écoute des hommes 197

Benjamin Michel – Une prise de « direct » 199

Sylvain Willem – Le temps, la conscience, le sentiment 201

Conclusion **205**

Préface

Je ne peux qu'être honoré d'être sollicité pour rédiger la préface d'un ouvrage, surtout consacré à la fonction de directeur d'usine, que j'ai occupée avec passion pendant cinq ans. Même si l'importance de l'hommage est relative, puisque c'est toujours aux vieux sages – aux vieux singes ! – qu'on s'adresse pour obtenir une bénédiction sur le traitement d'un sujet. Et pourtant, je suis très fier ! Parce que Stéphane a toutes les qualités pour mener à bien ce projet de rédaction : il fut un excellent directeur d'usine, et me rappela souvent combien je m'étais moi-même épanoui quelques années auparavant. Mais aussi parce que j'ai donc des choses à dire…

C'est le plus beau des rôles dans une entreprise. Il faut évidemment qu'on y trouve de la production pour qu'il y ait une usine. Et qu'elle soit de taille suffisante pour qu'on y place un directeur à la tête. Dans l'entreprise où j'ai travaillé 40 ans, et où j'ai embauché et promu Stéphane, j'ai occupé une bonne douzaine de fonctions. La plus captivante, la plus exigeante, la plus valorisante est celle de directeur d'usine.

Quand j'avais 6 ans, je voulais être ingénieur. Mon père, ingénieur d'entretien – on dirait maintenant responsable maintenance – m'emmenait parfois faire sa tournée le dimanche matin : le déroulement des travaux de réparation du week-end devait permettre de redémarrer à coup sûr dès le lundi à 6 heures du matin. Papa serrait la main de l'un, puis de l'autre, avec un petit mot sur le temps ou la famille avant de poser la question technique qui le préoccupait. Un métier de contact, que j'avais décidé de viser pour « vivre ensemble ». Quand j'ai commencé ma carrière d'ingénieur aux Méthodes, j'avais vite compris à quel point le directeur d'usine incarnait la responsabilité de l'ensemble, des hommes et des machines, vis-à-vis des troupes, de leurs représentants syndicaux ou autres, de l'extérieur local pour la remise des médailles et les enterrements, de la direction générale, en particulier pour les gros investissements et les embauches de cadres. Le DU n'est pourtant pas général, il est commandant. J'avais donc vite ambitionné ce grade, en le mentionnant dans les entretiens avec mes supérieurs, mais surtout en méritant leur satisfaction dans ce sens, en particulier au niveau de l'ambiance sociale et de la gestion des comptes.

J'ai toujours été un homme de terrain : j'avais choisi de ne pas faire de formation complémentaire après les trois ans de l'École polytechnique, une formation trop lointaine des préoccupations de terrain. Mon père a toujours craint que je m'en morde les doigts plus tard ! J'étais convaincu d'en apprendre plus en deux ans dans une usine que dans une nouvelle école d'ingénieurs, même en formation complémentaire soi-disant plus concrète. Il y a prescription : l'important, c'est que je l'ai toujours cru et vécu comme cela. Des méthodes, des travaux neufs – on dit maintenant investissements – de la production, la responsabilité des services techniques et de production : j'ai vécu toute cette séquence de postes au rythme soutenu d'un tous les trois ans, dans deux usines du Nord, dans le bassin de la Sambre.

Au début, en 1978, on vous appelle Monsieur l'ingénieur… Cela ne dure que jusqu'au premier match de football en championnat corporatif ! Très vite, on utilisera nos prénoms, même dans l'atelier. Ce qui n'empêche ni le respect, ni l'exercice de l'autorité. Le directeur d'usine, c'était quelqu'un, fin des années 1970. Place réservée sur le parking, grand bureau dans le bâtiment central des Services, défendu par celui de sa sévère secrétaire… Certains trouvaient bien de partir tard, en même temps que lui, avec leur serviette à la main... même s'ils ne l'ouvraient pas chez eux : je vous assure, j'en ai connu... J'ai servi dans des grosses usines : 800 et 3 000 personnes, dont les effectifs ont régulièrement baissé par progrès de productivité et amélioration de la qualité, deux notions tout à fait compatibles, ou à cause de pertes cycliques de parts de marché. Il y avait donc de nombreux niveaux hiérarchiques : pas loin d'une dizaine entre le directeur et les opérateurs « à machine ». Les relations étaient déjà peu chaleureuses entre le directeur et les cadres de base, alors du haut en bas de l'échelle, elles n'étaient qu'épisodiquement existantes et jamais cordiales. Les directeurs d'usine, enfin beaucoup de ceux que j'ai connus, étaient des hobereaux, des notables intouchables, souvent eux-mêmes enfermés dans une mission apparemment austère et très confidentielle.

Les choses ont changé quand les usines ont rétréci, par découpage ou élimination d'activités. Moins de lignes hiérarchiques, moins de structures d'assistance technique, une qualité décentralisée, une R&D plus autonome... Sans doute aussi une nouvelle génération de directeurs qui, plus matures en fin des années 1980 et plus réfractaires aux instructions de gestion sociale et financière dictées du siège, se forgeaient un périmètre autonome et conforme à leur appétit d'animation. C'est aussi le début de l'époque du « management motivationnel » qui tendait l'ensemble de l'encadrement vers un objectif coconstruit de performance collective.

J'avais initié une rencontre bimestrielle des directeurs d'usines du groupe dans le Nord : dans ces dîners informels, on échangeait les problèmes, les solutions, les expériences, les insatisfactions et les revendications concertées vers les grands chefs du siège. Je me souviens m'être plaint un jour auprès de Papa, pas très loin de la retraite dans son groupe industriel lui aussi dans la métallurgie : « ils décident sans nous consulter, ils n'y connaissent rien ! ». « Tu dis ce que tu penses, mais tu fais ce qu'on te dit de faire. Tu grimperas dans la hiérarchie, et quand tu seras un jour au siège, tu te souviendras de ce que tu pensais quand tu étais directeur d'usine »...

Mes bons moments étaient les pilotages individuels ou les comités de pilotage des différents projets, humains ou techniques, quand chacun aiguisait sa capacité de contribution. Il m'est rarement arrivé de dire, contre l'avis collectif : « Je décide, parce que je suis le chef ». Et ça ne veut pas dire que je ne me suis pas trompé. J'aimais construire, choisir les objectifs « juste au-dessous de l'impossible », sauf si nous étions engagés vis-à-vis du client, quand les objectifs doivent être plus réalistes.

Je n'ai pas eu de formation de directeur d'usine, sauf à observer les trois directeurs d'usine que j'ai servis avant mes 35 ans. Certains m'ont appris ce qu'il fallait faire, d'autres ce qu'il ne fallait pas faire… Visiter d'autres usines, dans le groupe et en dehors fut toujours une occasion de progrès. Cela présageait déjà de mon bonheur à devenir membre de l'association APM, Association progrès du management, « le progrès des entreprises par le progrès de ses dirigeants ». Même si je n'étais pas tout à fait chef d'entreprise, j'y ai beaucoup reçu, et aussi, je crois, souvent donné.

Ce n'est pas à l'APM que j'ai appris les techniques de production en leurs temps révolutionnaires du *Just in time*, du *Lean management*, de la qualité par tous, mais je me suis battu pour qu'elles soient utilisées sans dérogation dans mon usine, et plus tard dans mes usines. Ce ne fut pas le plus dur, car ce fut l'occasion de coups de fouet à l'organisation et la compétence des équipes. Stéphane fut un ardent champion du Lean, qu'il développa avec un succès spectaculaire dans son activité. Les progrès furent rapides, faisant vite taire les « Leanosceptiques »…

Le domaine le plus difficile est celui de la sécurité. Comme pour la qualité, l'enjeu est énorme, la formation infime, la responsabilité écrasante ! On croit tout savoir, tout bien faire, et ce n'est jamais fini, tout juste entamé. J'ai mouillé ma chemise dans le domaine de la sécurité, mais pas assez. J'ai connu l'énorme peine d'un accident mortel dans l'usine que je dirigeais. Une négligence collective et répétée, de l'équipe de nuit qui vidait des bacs de produit où il ne fallait pas, de l'encadrement jusqu'à la direction, et une allergie rarissime d'un opérateur au produit chimique résultant du mélange interdit. La responsabilité est terrible, pas seulement devant le juge, mais devant la veuve, la famille, les collègues, et devant ma glace… L'expérience est traumatisante. On n'est pas le même avant et après. La formation massive et sans indulgence, la concertation et la responsabilisation quotidienne sont l'unique voie possible.

Les autres traumatismes sont moins graves, mais ils peuvent laisser des traces indélébiles : une grève de cinq semaines – je n'étais pas encore directeur ! – aboutissant à des retards inacceptables pour les clients, des litiges techniques trop longtemps inexpliqués à l'autre bout du monde, des monceaux de commandes annulées à cause de la guerre déclenchée par l'invasion du Koweït… Les problèmes ne manquent pas, les solutions non plus.

J'ai beaucoup travaillé avec des directeurs d'usines à l'étranger : au Brésil, au Japon, aux États-Unis, en Allemagne… Partout le poste était crucial, pour servir les clients et piloter les équipes. Comme j'ai longtemps joué au football, j'ai même organisé un tournoi multi-usines pour le groupe. Le directeur d'usine, c'est le capitaine-joueur, et même le coach qui sélectionne les joueurs de l'équipe et décide des remplacements. Il est sur le terrain, il est sur le banc, il est dans les vestiaires. Il fait tout. Mais rien tout seul. Il a un chef, mais qui ne vit pas sous la même latitude. Il siège à la Fédération de football…

Quand j'ai quitté la seule usine que j'ai dirigée, en 1995, la laissant à un collègue chevronné dont je savais qu'il saurait me succéder, j'étais triste. Presque effondré ! Je quittais une équipe que j'aimais, des cadres aux opérateurs. Un métier, des produits, des services maîtrisés, même des représentants du personnel qui m'ont réservé un départ sympathique, alors que nous n'avons pas toujours été d'accord. Mais nous avions fini par jouer correctement nos rôles respectifs, un peu « à l'allemande » !

J'ai toujours apprécié mes « tours d'usine » : je commençais mes journées de directeur par ça, quand on ne parlait pas encore de « management baladeur ». Plus tard, c'étaient mes meilleurs moments lorsque je visitais une usine comme patron de division ou chef des opérations. C'est sur le terrain que ça se passe. Là et chez le client.

DU : Directeur d'Usine, une Denrée Unique !

L'ouvrage de Myriam et Stéphane présente plus d'un mérite. D'abord, il remplit un vide sidéral sur le bon exercice du métier de directeur d'usine. Dans un style alerte, il explique, conduit, donne des recommandations sans être purement théorique. C'est le genre de livre que j'aurais eu comme livre de chevet lorsque j'avais entre 30 et 40 ans, avant que je ne sois directeur d'usine, mais que j'en rêvais déjà, puis lorsque je l'étais, et que j'aurais voulu être sûr d'être dans le vrai.

Oh, le livre ne donne pas les réponses à toutes les questions, mais il en adresse une « vaste majorité » comme disent nos meilleurs ennemis anglais. Le bon sens, la pédagogie et la pertinence déployés dans ces pages sont bien de nature à faciliter la compréhension du propos et sa mise en application. Je me promets d'ailleurs de le consulter encore régulièrement, car je suis persuadé de pouvoir toujours progresser.

Un livre bien utile, nécessaire, et très bien fait ! Un seul regret : qu'il sorte 40 ans trop tard. Mais ce n'est pas à Stéphane qu'on peut le reprocher : il y a 40 ans, il n'était pas bien vieux…

Jean-Pierre Michel,
ancien directeur général de Vallourec

CHAPITRE 1

Le rôle et les enjeux de la fonction

Les questions auxquelles répond ce chapitre

- Tentative de définition
- Son impact sur l'environnement économique et industriel
- Sa place dans l'organisation d'une entreprise industrielle

TENTATIVE DE DÉFINITION

Les mots ayant un sens, le directeur d'usine dirige (manage dit-on plus couramment désormais) un site industriel dont la vocation est de fabriquer des produits, de transformer des matières premières, de produire de l'énergie ... « Diriger », si l'on en revient à la racine latine du mot *dirigere*, a différentes significations : « redresser, mettre en ligne droite, aligner, ranger », « disposer, ordonner », « tourner, conformer, régler », « envoyer, adresser » ; et consiste donc à organiser la façon de fonctionner d'un groupe de personnes, d'une équipe, selon une certaine direction et dans un but précis.

Avec des mots plus simples encore et dans une définition plus concrète, le DU[1] décide, met en place des conditions, coordonne des actions pour atteindre l'objectif prioritaire de l'usine, qui est de gagner de l'argent.

En cette période du « politiquement correct », de remous sociaux permanents, de rappels quotidiens des enjeux/risques environnementaux, de nouvelles modes des entreprises à mission, ces termes, « gagner de l'argent », peuvent paraître triviaux, inappropriés, provocateurs, voire déplacés, mais c'est pourtant le but premier d'une entreprise et par extension, d'une usine. Sans cela, pas de possibilité de produire, de payer ses salariés, de servir ses clients, d'investir, de croître... bref, sans cet objectif, on n'est plus dans le cadre d'une entreprise, mais d'une association à but non lucratif.

Il est important de préciser que ces gains financiers doivent se faire avec certains principes d'éthique que nous aborderons, et doivent s'accompagner d'une maximisation des résultats dans l'ensemble des domaines de performance (sécurité, qualité, productivité...), mais la finalité de l'action du DU doit être l'atteinte de cet objectif[2].

1. Dans la suite de cet ouvrage, nous désignerons ainsi la directrice ou le directeur d'usine.

2. Cette affirmation n'est pas incompatible avec le fait de tout mettre en œuvre pour préserver la santé et la sécurité des équipes.

Ce rôle, qui est avant tout un métier et que certains qualifient de chef d'orchestre, requiert de multiples compétences car il va/doit avoir un impact sur l'ensemble des fonctions de l'usine : de la santé à la sécurité des salariés, en passant par la qualité des produits, l'organisation des ressources, le service aux clients, la performance de la production, la bonne gestion des coûts variables et fixes…

C'est donc un métier généraliste (même si chacun aura son ou ses domaines d'expertise) et plein d'avenir. En effet, au-delà du débat sur les bienfaits de conserver une part industrielle dans l'activité économique d'un pays[1], nous ne pensons pas que ce métier soit automatisable malgré tous les progrès possibles de l'IA[2] car, être DU, c'est avant tout coordonner les activités des personnes qui travaillent dans tant de situations différentes, complexes, variables, nuancées et non répétables. Nous sommes en effet convaincus, et ce, quel que soit le secteur d'activité ou le contexte, que ce sont les femmes et les hommes qui font la différence. Ce métier nécessite donc des qualités humaines[3]. Un DU qui ne tirerait pas le meilleur potentiel de ses équipes ne pourrait atteindre des résultats excellents. L'IA ne peut concurrencer l'intelligence humaine (qu'elle soit intellectuelle, mais aussi et surtout, émotionnelle). Dit autrement, l'IA reconnaît un éléphant, puis 1 000 éléphants différents… mais ne sait plus réagir face à un éléphant rose ! L'entreprise doit disposer des personnes qui sauront identifier les éléphants roses, détecter les situations hors normes. C'est cela que nous soulignons dans l'intelligence humaine.

1. Si jamais il n'y avait plus d'industrie en France, il faudrait tout de même s'interroger sur les moyens que nous aurions de subvenir aux besoins des Français sans avoir recours à des importations massives catastrophiques d'un point de vue environnemental et économique.

2. Intelligence artificielle.

3. Expression un peu « tarte à la crème » que certains voudraient résumer à de la bienveillance que nous préciserons dans la partie dédiée au domaine des ressources humaines.

C'est aussi un métier formidable car il est passionnant de « diriger » des hommes. Ces situations se retrouvent aussi dans des contextes sportifs[1] et militaires. L'analogie avec l'armée se recoupe partiellement dans la notion de discipline attendue, de rituels à instaurer, de rigueur d'application à attendre des décisions prises. La limite réside toutefois dans l'esprit des collectifs de l'entreprise privée qui ne suivent pas, ou moins, une culture autoritaire et sans discussion, avec laquelle le DU doit manœuvrer pour faire appliquer des décisions et orientations.

Certains par ailleurs pourraient penser que telle activité est plus « noble » qu'une autre. Au contraire, selon nous, toute direction d'équipe a pour but et intérêt d'obtenir la meilleure performance possible.

Puis, même si ce concept tend à se développer (quoique ?), nous ne croyons absolument pas, au moins pour les usines, au concept de l'entreprise industrielle libérée. Les équipes des usines avec lesquelles nous avons travaillé attendaient au contraire un dirigeant qui apporte, non seulement une vision, mais aussi une organisation associée à une rigueur et un certain niveau d'exigence.

Dernière caractéristique de ce métier que nous tenons à mentionner : c'est un métier d'impact. Nous pourrions résumer cela par une équation certes un peu binaire, mais tellement vraie :

Bon DU = bons résultats ; mauvais DU = mauvais résultats.

Nous ne parlons évidemment pas de la personne (bonne ou mauvaise n'aurait aucun sens), mais nous sommes persuadés qu'un « vrai » bon directeur d'usine peut faire progresser les équipes et les résultats du site, quel que soit le contexte. Atteindre les objectifs est une autre histoire car ceux-ci peuvent être fixés arbitrairement[2].

---

1. Nous pensons que certains DU auraient fait d'excellents entraîneurs d'équipes de football par exemple. C'est d'ailleurs pour cela que de nombreux conférenciers issus du monde du sport interviennent dans les entreprises.

2. Comme le dit notre ami Jean-Claude Douthe : « N'acceptez pas d'objectifs fixés arbitrairement et n'en donnez pas non plus ! ».

Comme il faut avoir un impact (pour certaines fonctions, cela est moins nécessaire ou se voit moins) c'est… un métier difficile. En disant cela, nous ne voulons pas nous lancer dans une hiérarchisation de la difficulté des métiers, mais juste souligner qu'être DU requiert beaucoup de travail, d'énergie, d'abnégation, de résistance à la pression, au stress et que nous ne le conseillons donc pas à ceux qui veulent que leur activité professionnelle leur permettre d'avoir beaucoup de temps libre pour eux et leurs proches. Il est évidemment possible de concilier vie privée et vie professionnelle, mais chacun doit réellement s'interroger sur son envie et ses motivations profondes d'être directeur d'usine. Nous recommandons à ceux qui font cela pour le titre, la valorisation, le prestige, l'étape obligée sur le CV pour viser plus haut… de passer leur chemin. Les usines et surtout les équipes qui y travaillent méritent une personne réellement engagée et passionnée par cette fonction.

Chacun a ses motivations : pour certains[1], il s'agit de contribuer humblement au maintien d'une activité industrielle en France, ou, par extension, en Europe, malgré certains « handicaps » fiscaux et législatifs. Pour d'autres[2], c'est de contribuer à maintenir une entité économique qui assure une vie sociale et économique territoriale avec toutes les interactions que cela suppose dans la zone géographique. Dans tous les cas, le DU a la latitude d'être un acteur engagé sur différents registres qui lui tiennent à cœur (formation et développement des personnes, développement durable, insertion des personnes…), tout en maintenant une réalité économique.

Cela en fait un métier passionnant et certainement de passion, ce qui compense largement l'énumération de ce qui pourrait être assimilé par beaucoup comme des contraintes insurmontables. Notre but n'est absolument pas de décourager les aspirants

1. Motivation portée par Stéphane.
2. Motivation portée par Myriam.

DU (bien au contraire), mais nous revendiquons une certaine sélectivité.

Enfin, et même si nous pensons que cela ne devrait pas être sa fonction première, le DU a un rôle de représentation. Il est en effet amené à représenter l'entreprise, sa direction générale, voire une marque, en diverses occasions vis-à-vis des salariés de l'usine et aussi potentiellement de l'ensemble des acteurs du tissu économique et social. Dans ce cadre, il sera parfois (voire souvent) contacté par les élus locaux, les associations, les établissements d'enseignement… Nous ne pensons pas qu'il y ait des règles uniques de comportement, de liens à tisser ou à entretenir tant cela dépendra de la personnalité du DU, du contexte de l'usine et des règles de l'entreprise, mais il y a néanmoins des « incontournables » comme la cérémonie des médailles du travail ou tout autre rituel faisant partie historiquement des usages de l'usine[1] auxquels le DU pourra difficilement se soustraire. Non pas qu'il ne puisse remettre en cause certaines pratiques, toutefois il ne peut pas totalement exclure sa participation aux moments de vie de son usine.

À l'inverse, s'il souhaite en ajouter à l'existant, il lui faudra garder un bémol à l'esprit : l'équipe managériale sera forcément sollicitée, alors que son implication et son temps de présence sur site sont généralement déjà très importants. Il faut alors bien mesurer l'impact positif et le but recherché par ces « extra-activités », car, en contrepartie, il faudra fournir des « extra-efforts ».

1. Tournoi de foot annuel, Noël des enfants, journées des familles ou portes ouvertes, etc.

SON IMPACT SUR L'ENVIRONNEMENT ÉCONOMIQUE ET INDUSTRIEL

Tous les professionnels faisant partie d'organisation industrielle (ouvriers, techniciens, ingénieurs, administratifs...) ont un rôle à jouer, mais le DU doit être en première ligne pour :

✓ **Accroître l'attractivité des sites industriels** et ainsi attirer les meilleurs éléments :

- en promulguant la valeur sécurité ;
- en améliorant les conditions de travail et l'intérêt des emplois et missions proposés ;
- en communiquant efficacement sur la raison d'être de l'usine ;
- en assurant une cohésion de l'équipe doublée d'un esprit de solidarité ;
- en impulsant le goût de la performance.

✓ **Insérer au mieux l'usine dans son territoire** :

- en minimisant son impact environnemental ;
- en initiant et concrétisant des démarches de sobriété énergétique ;
- en ouvrant ses portes à la communauté ;
- en expliquant de façon transparente son fonctionnement.

✓ **Proposer des emplois aux « locaux »** grâce à une croissance économique constante et en proposant des formations internes visant à garantir à la fois une bonne intégration, mais aussi des évolutions.

✓ **Contribuer au développement économique local** via le parrainage d'activités et la participation des équipes de l'usine à des activités en faveur de la communauté.

Ainsi, les usines feront partie intégrante du paysage des territoires, continueront d'assurer des retombées économiques directes et indirectes indispensables aux communes qui les hébergent et profiteront pleinement aux populations locales qui ne les verront plus uniquement par le prisme de leurs nuisances réelles ou supposées.

SA PLACE DANS L'ORGANISATION D'UNE ENTREPRISE INDUSTRIELLE

Dans une entreprise industrielle, les usines et les DU tiennent évidemment une place importante. Même si ces derniers sont, à notre avis, peu ou pas assez impliqués dans les décisions stratégiques qui se traitent davantage entre les directions générale, financière et commerciale (par choix de la direction, mais aussi souvent par le peu d'appétence des DU pour cet exercice), ils sont clairement associés à leur mise en œuvre, car ils se trouvent en première ligne au niveau de l'exécution.

En effet, au-delà de leur position hiérarchique[1], ils ont une place à part dans l'organisation car à l'intersection des terrains[2] où se passent les « vraies » situations, avec les « vraies » personnes : là où l'on fabrique les produits destinés à être vendus (et là où les produits sont conçus), là où les clients peuvent s'exprimer via leurs réclamations, mais aussi, ne l'oublions pas, de leur satisfaction, et enfin, là où les matières premières et composants sont fabriqués, c'est-à-dire chez les fournisseurs. Nous ajouterons un quatrième « terrain », moins souvent cité, celui de la direction générale, là où se prennent les décisions structurantes.

Ainsi, un DU a le pouvoir non seulement d'influencer (positivement) les performances (conformément au métier d'impact que nous citions dans notre tentative de définition), mais

1. Selon les tailles d'entreprises, ils sont rattachés à un directeur industriel, ou à un directeur des opérations ou directement à la direction générale.

2. Certains parlent aussi de Gemba (l'emploi de termes japonais semble accroître la légitimité pour certains).

aussi les relations entre les personnes évoluant sur ces différents « terrains ». Ce rôle est méconnu et sous-estimé, mais nous recommandons notamment aux DU d'initier des rapprochements, des contacts plus étroits et fréquents avec la partie commerciale (vendeurs et clients) et la direction générale. Les équipes et les clients (donc l'usine et par extension l'entreprise) y gagneront.

Enfin, de par sa position et sa zone d'influence, le DU détient aussi les clés du climat social (aspect que nous développerons dans le chapitre dédié aux ressources humaines).

CHAPITRE 2

La formation et le profil du directeur de site industriel

Les questions auxquelles répond ce chapitre

- La formation académique
- L'apprentissage
- La nécessité de tout le temps se former
- Les différentes phases du cycle de DU

LA FORMATION ACADÉMIQUE

Il n'y a pas à proprement parler de formation type pour devenir directeur d'usine. La voie la plus classique est une formation d'ingénieur généraliste, mais toute formation à dominante technique permet, selon nous, d'accéder à cette fonction. Nous insistons cependant sur l'importance de la technique. Certes, il n'est plus attendu (est-ce un bien ou un mal ?) que le DU soit un expert du domaine d'activité encadré, mais nous ne sommes pas partisans des profils purement financiers, RH, dits plus globalement « tertiaires », qui dirigent des usines sous prétexte qu'il s'agit avant tout de management. La position demande une capacité à résoudre des problèmes, à pousser, à bousculer des équipes et, en cela, de disposer de la capacité à comprendre techniquement à partir de connaissances techniques de bases ; connaissances dont ne disposent pas les profils dits tertiaires. C'est au mieux une erreur de décision d'une organisation de vouloir répondre à des promotions individuelles sur des fonctions de direction avec des profils inappropriés, ou, au pire, cela renvoie un profond manque de respect pour les équipes et leur savoir-faire métier. En effet, comment peut-on réellement interagir sur le terrain avec les agents de production, de maintenance, sur leur activité, par définition technique, sans un minimum de bases dans ce domaine ? Nous mesurons que des profils non techniques peuvent exercer habilement et réussir dans cette fonction[1], mais cela doit rester une exception adaptée à des contextes, voire des activités spécifiques et avec des personnes « exceptionnelles ».

Nous sommes surpris, voire choqués, quand on utilise cette noble fonction comme point de passage ou d'apprentissage. Autant nous trouvons louable de prévoir une expérience terrain pour les futurs « hauts dirigeants », autant celle-ci ne doit pas se faire au détriment de la progression des équipes et de l'usine.

1. Nous connaissons de vrais « bons » exemples.

L'APPRENTISSAGE

Il y a plusieurs façons de parvenir à la fonction de directeur d'usine. La voie royale, après une formation technique (ingénieur ou équivalent) est selon nous de débuter par un poste d'ingénieur amélioration continue qui permettra de se familiariser avec le monde de l'entreprise et plus spécifiquement celui de l'usine. Le mieux étant un rattachement direct au DU en place (cela dépendra évidemment de la taille du site) qui pourra confier, en plus d'actions d'amélioration ciblées, l'animation du plan de progrès de l'usine[1].

Après cette première étape, un poste de chef d'équipe (idéalement posté) permettra au potentiel futur directeur d'usine[2] de faire ses premières armes en tant que « manager de proximité » : un des postes les plus exposés, les plus difficiles d'une usine, mais aussi un des plus « impactants »... avec celui de DU bien sûr. Un accompagnement est selon nous nécessaire à ce stade, que ce soit une formation généraliste au management[3], ou un coaching, voire les deux. Notons qu'une entreprise comme Toyota, qui sait très bien que les résultats d'une organisation dépendent essentiellement des hommes et des femmes qui la composent, ne laisserait jamais une personne, aussi brillante soit elle, débuter une fonction de manager sans la former aux fondamentaux de ce métier. Bien plus que les « stages ouvriers » souvent imposés de manière superficielle dans les cursus des écoles d'ingénieurs, occuper la position de chef d'équipes fera prendre conscience de la difficulté,

1. Toutes proportions gardées, on pourrait faire un parallèle avec le « secrétaire au plan » chez Saint-Gobain qui permettait aux jeunes diplômés dits « hauts potentiels » d'avoir une vision holistique de l'entreprise. Cependant, ce que nous proposons ici est plus opérationnel, plus proche du terrain.

2. Toutes ces précautions pour dire que rien n'est acquis.

3. CEPI Management formait par exemple les chefs d'équipe de l'usine Toyota à Valenciennes.

de l'importance du rôle du manager « intermédiaire »[1] et de la nécessité de soutenir (d'aider) cette fonction.

La suite logique est ensuite le poste de responsable de production (on parle aussi de responsable d'exploitation ou encore de responsable d'unité de production) qui permettra d'élargir le champ de responsabilités, de couvrir un périmètre plus large et de mettre en pratique le support nécessaire aux chefs d'équipes évoqué précédemment.

Un détour par la fonction planning peut être intéressant, voire utile, mais n'est selon nous pas indispensable.

Viendra ensuite le choix (ou non) de débuter de façon bien préparée dans le rôle de DU. Attention, cette décision n'est pas neutre car généralement sans possibilité de retour en arrière, soit parce que, quand le nouveau DU aura goûté aux joies de ce poste, il ne souhaitera pas retourner à des fonctions plus proches du terrain (dans ce cas, il ne regrettera pas son ascension) ; soit, et ce sera là problématique, parce que l'on ne lui confiera plus des rôles qui rapportent au directeur d'usine (du moins s'il reste dans la même entreprise), même si la plus grande proximité du terrain qu'offre par exemple un poste de responsable de production lui manquera.

Ainsi, il y a différents chemins pour parvenir à cette fonction. Il en existe dans certains grands groupes que nous ne recommandons pas, comme celui qui consiste à faire « transiter » un jeune « haut potentiel » d'un poste des « hautes sphères » de l'organisation (par exemple de la direction stratégique) vers un poste de directeur d'usine. Encore une fois, même s'il est louable de vouloir une expérience « opérationnelle », nous voyons au moins deux inconvénients à ce type de parcours :

✓ Ces profils, qui ont été habitués à côtoyer la direction générale, s'accommodent souvent mal de ne plus participer à des

1. Par « intermédiaire », on désigne une position entre le « terrain » et la direction.

décisions dites stratégiques ou de ne plus en être informés en avant-première.

✓ Passer d'une fonction basée généralement dans un siège social à une fonction de première ligne en usine est risqué pour les deux parties, que ce soit la personne concernée ou l'usine, tant les codes et usages y sont différents, voire opposés.

LA NÉCESSITÉ DE TOUT LE TEMPS SE FORMER

Cette mission exige engagement et énergie au quotidien. Elle expose à des situations nouvelles, des relations humaines vivantes, changeantes, des prises de décisions constantes : la mise en place de fondamentaux par les axes de performances que nous partagerons doit « automatiser » les situations connues, mais cela doit également rendre plus fort l'impact du dirigeant sur le traitement des zones inconnues dans la vie du site.

Aussi, pour enrichir son mode de pensée et sortir de sa zone de confort, chaque DU doit se soucier de sa formation en continu et prendre la hauteur de sortir de sa bulle de responsabilité, pour ne pas dire d'équilibre. Les sujets traités sont vastes et il est légitime de se demander comment et sur quels thèmes.

Le développement des aptitudes de chacun passe par la connexion, la curiosité sur des pratiques et des domaines que nous n'explorons pas toujours spontanément. Participer à des réseaux de formation de management ou de dirigeants apporte des partages d'expérience, des « pas de côté » pour se regarder et remettre en cause ses fonctionnements[1].

La lecture enrichit nécessairement chacun. Non pas celle, au bord de la piscine, d'un bon polar (quoique *Cadres noirs* de Pierre Lemaitre montre les conséquences de décisions concertées de dirigeants), mais ces lectures attentives et techniques qui

1. Exemple des réseaux APM (Association du progrès par le management) ou Germe qui font intervenir des animateurs experts.

inspirent dans les domaines du management, de l'excellence, de l'ambition, du temps qui passe, de l'audace, de témoignages de figures marquantes de nos sociétés…

Les connexions avec ses pairs permettent aussi de confronter des points de vue, de disposer d'approches contradictoires qui forcent aussi la réflexion. Nous retenons cette bonne pratique de réunions trimestrielles pour les directeurs d'usines d'un même pays d'une entreprise. Événement favorisant la coordination inter-sites, le partage des aléas rencontrés et des bonnes pratiques mises en place. Cela constitue un bon moyen de se connecter avec ses pairs dans des temps *off*[1], d'associer des idées et également de sortir de la solitude de cette fonction sur un site.

Visiter des sites, même très différents du sien, permet de moissonner de nouvelles idées. Il nous a été donné d'observer la mise en place des flux tirés de façon aboutie, alors même que ce projet était en cours dans une usine en responsabilité, de s'étonner sur la robotisation des transports de matériel sur un site aéronautique supprimant toutes manutentions humaines, de s'approprier des organisations du travail très spécifiques en fonction des produits fabriqués de la verrerie à l'imprimerie… Chaque visite permet de se questionner sur ce qui est transposable et pertinent pour notre activité propre.

Dans le cadre des relations avec les clients, se rendre sur le lieu de leur entité est aussi un vecteur de formation et de meilleure compréhension de la qualité du produit sur le process du client.

La posture incontournable du DU est de se questionner. Cela suppose de savoir créer des pauses dans le rythme établi au quotidien ; des respirations qui passent parfois par la création d'événements dans son entreprise, voire d'organiser des visites avec d'anciens collègues qui auront un autre regard sur l'entité ; s'accorder du temps pour des événements extérieurs – les opportunités sont pléthoriques – Medef, club entreprises…

1. Temps *off* que ne permettent pas les séminaires par Teams de l'après-Covid.

Le tout étant de sélectionner, toujours, les meilleurs sujets selon le temps que l'on accepte d'y consacrer.

LES DIFFÉRENTES PHASES DU CYCLE DE DU

Nous ne croyons pas aux DU immuables, faisant toute leur carrière dans la même usine. Cela peut encore se produire (même si de plus en plus rarement), mais ne serait bon ni pour le DU ni pour l'usine et les équipes qui la composent. D'après notre expérience, le poids des habitudes et des relations interpersonnelles amène à perdre le questionnement et une forme de discipline dans l'action.

Si les durées de « règne » varient en fonction des contextes, le cycle « idéal » serait, selon nous, le suivant :

1. **Après une phase d'observation et d'échanges avec les équipes sur le terrain,** commence la phase d'élaboration du plan. Selon le niveau de l'usine, l'ampleur de l'écart entre celui-ci et les attendus, cette étape doit être franchie au bout de 3 mois maximum : ce sont les fameux « 100 jours » (quitte à y revenir en élaborant, à la suite d'un plan d'actions à court terme, une vision annuelle ou triennale). S'ouvre ainsi le début de l'action concrète, précise, « impactante » qui engendre des résultats tangibles avant la fin de la première année. Cette première mise en action est cruciale pour deux raisons principales :
    - Les équipes jugeront de ce que le DU apportera à l'aune de cette année 1.
    - Sans mise en place des actions, impossible de connaître leurs effets (qu'ils soient bénéfiques ou non) et donc impossible de réajuster le plan qui doit mener l'usine vers l'excellence.
2. **L'année 2** est donc à la fois celle de la continuité et celle des corrections, adaptations, évolutions.

SAVOIR-ÊTRE SAVOIR-FAIRE SAVOIRS

3. **Si tout se passe bien (rien ne se passe jamais comme prévu, nous direz-vous), les années 3 et/ou 4** peuvent être celles de la consolidation, voire de la préparation de la succession. Cette dernière étape n'est vraiment pas à sous-estimer si le DU veut ancrer son action, c'est-à-dire faire perdurer (même dans un style différent) ce qui a fait le succès des initiatives qui auront été lancées.

Chapitre 3

Les connaissances requises dans les différents domaines de performance

Les questions auxquelles répond ce chapitre

- La sécurité, la santé et l'environnement
- Les ressources humaines
- La qualité
- La supply chain
- Le management de la performance industrielle
- La gestion des coûts
- La performance stratégique au niveau du site

Ce chapitre résume les fondamentaux à connaître pour maîtriser la fonction et ainsi être « impactant ». Le livre est structuré en une partie Savoirs et une autre de Savoir-faire (sans oublier la partie Savoir-être). Ainsi, pour chaque domaine théorique, vous trouverez son pendant pratique dans la partie Savoir-faire.

Même si le but est de rendre l'usine la plus rentable[1] possible, le DU ne doit pas uniquement concentrer ses actions sur la partie financière, voire pire, sur la réduction des coûts. Sans performance dans les domaines de la sécurité, de l'environnement, de la qualité des produits ou du service aux clients, sans relations sociales constructives et apaisées, sans flexibilité ou délais de livraison compatibles avec la demande du marché, sans stratégie clairement définie à moyen et long terme…, il ne peut y avoir de performance économique réelle et pérenne. Le responsable d'une usine doit donc avoir un impact positif sur tous ces domaines.

Voici quelques aspects fondamentaux à connaître ou à maîtriser dans les différentes composantes d'une usine pour une fonction (celle de DU) par essence pluridisciplinaire.

LA SÉCURITÉ, LA SANTÉ ET L'ENVIRONNEMENT

Ces notions sont généralement indissociables, dans le sens où l'on confie à la même personne, au même service ou au même comité (selon la taille de l'usine), la responsabilité de décider de l'organisation et des actions visant à la performance dans chacun de ces trois domaines.

Selon nous, autant l'association de la santé et de la sécurité nous semble présenter certains avantages, autant le regroupement avec l'environnement peut entraîner le risque d'instiller dans

1. Ce que l'on peut définir comme le rapport entre le résultat financier réalisé sur une période donnée et les ressources qui auront été nécessaires à la mise en œuvre de l'activité.

l'esprit des équipes que tous ces domaines ne sont qu'une affaire de normes à respecter.

On trouve même dans certaines usines des entités QHSE[1]. Au-delà de la réduction des coûts qui, rappelons-le, ne doit jamais être le but premier recherché, nous n'en voyons pas l'intérêt tant chacun de ces domaines, au-delà de leurs spécificités respectives, mérite une démarche approfondie et non diluée. Évidemment, tout dépend de la taille des sites, mais au-delà de 100 personnes, nous préconisons une séparation et différents responsables de service, points d'appui technique, voire experts, dans l'action du DU.

La santé et la sécurité

Nous aborderons la notion d'éthique et nous traiterons plus tard du principe associé. Bien entendu, un des prérequis est de mettre la sécurité des équipes en première place des préoccupations et priorités des DU. Ne pas raisonner ainsi constituerait pour nous une faute et, dans le même registre, l'importance de la sécurité au travail n'est pas, à notre connaissance, (assez) enseignée en école d'ingénieurs à sa juste valeur.

En effet, le travail peut nous apporter, en plus d'un salaire, beaucoup de satisfaction, mais les environnements, en particulier industriels, où cohabitent machines et activités humaines, sont des sources de dangers et donc de risques. Autrement dit, le travail peut engendrer des blessures : que l'activité professionnelle laisse des séquelles physiques ou psychologiques est pour nous inacceptable.

La priorité absolue du directeur de site industriel doit donc consister à mettre en œuvre tous les leviers possibles pour faire de son usine un endroit plus sûr, et ce, pour l'ensemble des équipes qui y travaillent (intérimaires et sous-traitants compris).

1. Qualité hygiène sécurité environnement.

Si vous n'étiez pas encore convaincu, voici deux autres arguments :

- ✓ Le législateur s'est chargé, avec l'obligation de résultat en matière de sécurité au travail, de contraindre pénalement ceux qui ne déploieraient pas une politique santé/sécurité efficace.
- ✓ Imaginez-vous en train de téléphoner à la famille d'un membre de vos équipes qui a eu un accident grave, dont il gardera des séquelles à vie... et nous vous laissons imaginer l'annonce d'une nouvelle bien pire encore.

Vouloir et parvenir au « zéro accident » est à la fois très simple et très compliqué. Il faut tout d'abord se dire que c'est simple : en référence à la célèbre phrase : « ceux qui pensent que c'est impossible sont priés de ne pas déranger ceux qui y croient ». Sinon, on trouvera toujours une bonne raison de justifier les accidents du travail. Par ailleurs, sous un certain aspect, ça l'est. Il « suffit » en effet de mettre en place une démarche calquée sur celle de DuPont de Nemours[1] qui a fait ses preuves dans n'importe quel contexte industriel, voire professionnel.

La santé des équipes

L'obligation de résultat qui concerne le dirigeant de l'usine sur la sécurité englobe bien sûr la santé des salariés. Nous ne nous attarderons pas sur les exigences légales, les conformités des équipements, la validité des produits utilisés, etc., tant il est évident qu'un DU se doit de respecter la loi et de la faire respecter. Nous souhaitons davantage insister sur deux points :

- ✓ **La nécessité de mettre en place les moyens et l'organisation** permettant non seulement d'assurer la conformité de l'existant, mais en plus une veille réglementaire visant à anticiper les évolutions des règles et de ce qu'il faut parfois appeler des contraintes. Or, il n'est pas rare que le DU doive lutter pour les avoir ! En effet, derrière les beaux et grands discours des

1. Nous verrons au chapitre 6 que cette mise en pratique demande travail, rigueur, abnégation et persévérance.

entreprises[1] sur la nécessité de protéger la santé des salariés, les discussions en coulisses sont parfois moins glorieuses.

✓ **Depuis la terrible affaire France Télécom/Orange,** le législateur a voulu contraindre les entreprises à mieux prendre en compte les RPS[2] en imposant un DUERP[3] dans lequel ces risques doivent être listés. Ce support sert de base à l'élaboration d'un plan d'actions visant à améliorer les conditions de travail. Cette volonté des pouvoirs publics est légitime. Cependant, chaque DU doit faire attention à ne pas sombrer dans des « faux » programmes de bien-être au travail : combien de « consultants charlatans » permettent aux entreprises d'avoir le « label : prise en compte des RPS », combien d'incantations à la bienveillance (en passe d'être remplacée par authenticité, puis gratitude) ? Tout cela pour quel résultat ? Nous sommes au contraire convaincus qu'une forte proximité entre les managers et leurs équipes (rendue possible par une forte présence sur le terrain), un décloisonnement des services et fonctions, des managers au service de leurs équipes (et non l'inverse), et surtout une usine qui fonctionne bien[4] permettent les meilleures conditions de travail possibles et ainsi une réduction des RPS. Cela est d'ailleurs parfaitement décrit dans plusieurs ouvrages et publications de Julia De Funès[5].

---

1. Pas la majorité fort heureusement : nous avons connu et connaissons des entreprises réellement engagées par conviction dans l'amélioration des conditions en matière sécurité.
2. Risques psycho-sociaux.
3. Document unique d'évaluation des risques professionnels.
4. Autant de principes que nous tentons de développer dans ce livre.
5. Citons notamment *La comédie (in)humaine*, coécrit avec Nicolas Bouzou, Éditions de l'Observatoire (2019).

L'environnement

Précisons tout d'abord que toute activité industrielle (comme toute activité humaine d'ailleurs) a un impact sur l'environnement : le rôle du directeur d'usine est de définir et de mettre en œuvre une politique environnementale visant à réduire cet impact.

Pour cela, la norme ISO 14001 décrit le système à créer et les procédures requises. Il existe beaucoup d'ouvrages sur ce sujet et, de toute façon, la démarche vers une certification vous imposera (au moins dans une phase initiale) de vous tourner vers un consultant ou un organisme spécialisé qui vous accompagnera pas à pas.

Tout comme dans les domaines de la santé et de la sécurité, nous retenons que l'implication du DU est essentielle, de même que la définition claire des priorités et du plan associé. Il est en effet primordial de vouloir significativement réduire l'impact environnemental de votre activité, mais les contraintes budgétaires, bien réelles, et vos ressources limitées doivent vous conduire à un certain réalisme, voire conservatisme. Et, même si ce n'est pas politiquement correct d'affirmer cela aujourd'hui, ce n'est pas manquer d'ambition, non plus. Il n'y a pas de plus grande menace pour la crédibilité managériale du DU que d'afficher de grands objectifs pour finalement ne rien concrétiser. Les équipes ne pardonneraient pas cet excès d'enthousiasme, voire de naïveté, défaut rédhibitoire pour un cadre dirigeant.

Dernier point sur lequel nous souhaitons insister : l'importance croissante prise par la partie développement durable. Non seulement il s'agit là d'une nécessité historique planétaire, mais, de plus, c'est désormais un argument « commercial » brandi pour attirer, fidéliser clients et collaborateurs au risque d'être parfois accusé de basculer dans le *« greenwashing »*.

Il faut donc s'assurer de prendre ce virage, de se dimensionner correctement, de veiller à aligner ambition de la direction générale, ressources, organisation et timing, sans quoi vous aurez au mieux un train de retard, au pire, vous serez en décalage permanent avec les objectifs fixés.

LES RESSOURCES HUMAINES

Indépendamment d'une notion de service RH, de la représentation d'une personne dite « le/la RH », nous préférons parler du processus « satisfaction et engagement du personnel ».

Il couvre d'une part la mise en adéquation des ressources avec des besoins du site (en termes quantitatifs, mais surtout qualitatifs) et, d'autre part, les relations sociales. Ces dernières se traduisent par les liens avec les représentants du personnel en particulier en France dans les entreprises de plus de 50 salariés, et aussi par les relations et actions qui touchent aux équipes dans un objectif de satisfaction pour obtenir leur plein engagement.

En quoi cela devrait-il vraiment consister pour le DU ?

Partant des moyens qu'il se doit de mettre en face de résultats à atteindre, les femmes et les hommes qui composent l'organisation sont la première des ressources à bien identifier. Concrètement, et sans démunir le service RH d'une autonomie et d'une marge de manœuvre, nous mesurons des réussites RH lorsque le DU s'empare des axes suivants :

- ✓ **la gestion des compétences** et la composition des équipes ;
- ✓ **la maîtrise du processus de gestion des ressources temporaires :** l'industrie est un bon client de l'intérim par la variabilité de ses activités et une gestion requise des absences ;
- ✓ **l'approche intégrée des conditions de travail ;**
- ✓ **la prise en compte de la dimension financière et budgétaire** du domaine RH.

Son action s'inscrit également au sein des relations sociales par l'approche terrain que nous développerons plus loin. Le DU est aussi partie prenante dans ce processus « satisfaction et engagement du personnel » par son action à la mobilisation d'un bon « état d'esprit » qui participe à la conduite du changement.

SAVOIR-ÊTRE

SAVOIR-FAIRE

SAVOIRS

La gestion des compétences et la composition des équipes

L'industrie connaît une tension particulière sur ses ressources, qui s'est accrue ces dernières années, alors même que les femmes et les hommes qui composent un site en déterminent la performance.

La façon dont elles s'organisent et dont elles interagissent impacte la performance de l'usine : il s'agit donc de définir l'organigramme et les différents rôles requis pour atteindre la finalité du site. Mais sans les bonnes personnes aux bons endroits, il n'y a pas de performance durable possible[1]. Le DU doit consacrer une bonne partie de son temps, épaulé en cela par le responsable des ressources humaines et les différents responsables de services, à veiller à la bonne composition de l'organisation, et ce, de façon réaliste, c'est-à-dire à répartir des rôles en s'appuyant sur les forces de chacun. L'idée n'est pas de vouloir mettre des « génies » à tous les postes. Premièrement, nous n'en avons peu, voire pas du tout rencontrés dans notre vie professionnelle. Deuxièmement, comme chacun a le potentiel de progresser, il est essentiel de donner non seulement l'opportunité, mais aussi et surtout les moyens de réussir à son poste.

Il se peut dans cette étape qu'il y ait manifestement inadéquation entre un rôle et une personne : il y a alors urgence à faire des changements, à les décider, à les expliquer, à les enclencher. Parallèlement à la performance que cela peut amener, cette « gestion » des ressources est une forme de respect pour le personnel sur un plan individuel et collectif. En effet, chaque individu mérite d'être évalué à son juste niveau pour pouvoir ainsi être valorisé ou orienté vers un poste plus adapté à ses compétences.

La temporalité est un autre vecteur de réussite. À la fois, le DU agit dans l'instant sur la composition de ses équipes, il mesure dans le court terme ses résultats ; et dans le même temps,

1. Ou Right person in the bus, pour citer l'ouvrage de Jim Collins De la performance à l'excellence (Peasron, 2024), auquel nous faisons souvent référence dans cet ouvrage.

sa responsabilité est de construire la vision de la pérennité du site. D'un point de vue RH, cela se traduit par une gestion prévisionnelle de :

- ✓ **La composition d'équipe :** qui sera présent dans 3-5 ans ?
- ✓ **L'évolution des rôles :** quel sera l'organigramme requis ?
- ✓ **L'évolution des compétences, et en particulier les compétences clés :** savoir écrire les compétences requises pour atteindre les objectifs du site. Celles-ci requièrent généralement du temps pour être effectives.

La gestion des ressources temporaires

Par nature, la ressource temporaire ne s'inscrit pas dans la durée et répond à des remplacements ponctuels ou des surcroîts d'activité sur le site. Chaque usine dans laquelle nous avons été acteurs a toutefois eu une logique d'entrée de ses effectifs par la voie de la ressource temporaire.

Les raisons de ces effectifs temporaires sont toutefois plus larges et sont une donnée d'entrée à analyser. Tout d'abord, la variabilité d'une production peut déclencher de l'intérim (surcroît lié à une saisonnalité ; surcroît d'activité lié à de la non-qualité ; surcroît lié à une commande exceptionnelle).

L'absentéisme subi (arrêt maladie) ou planifié (congés) est une deuxième cause de recours à ce type de ressources afin de garantir les remplacements en équipe. On trouve ici deux axes de travail sous-jacents :

- ✓ **identifier les causes de l'absentéisme** sur lesquels l'organisation peut agir ;
- ✓ **définir les règles de gestion des absences,** ce qui entend la planification, les effectifs minimums requis, les organisations temporaires éventuelles à mettre en place ou priorité à traiter en cas d'effectifs réduits[1].

1. On parle aussi d'organisations « dégradées ».

La conséquence d'un manque de gestion des équipes en qualité et quantité peut entraîner des déséquilibres entre plusieurs équipes avec un manque de flexibilité et de polyvalence. Un impact direct d'une meilleure GEPP[1] se mesure aussi sur la minimisation de la ressource temporaire.

Pour autant, il ne s'agit pas de cibler un « zéro ressource temporaire ». Ce levier permet de bénéficier des effets de productivité engagés par les autres domaines de performance tout en limitant les impacts sociaux dont l'emploi est le corollaire. Cette variable facilite également les ajustements de ressources en cas d'aléas techniques de production rendant la production impossible.

De plus, les métiers d'une usine sont, par nature et encore pour quelque temps, manuels. Disposer de ressources temporaires permet d'apprécier les candidats potentiels à l'embauche par la pratique.

L'approche intégrée des conditions de travail

Apporter satisfaction au personnel passe par le prisme des conditions de travail. Par le biais de la sécurité et de la santé, nous pouvons répondre à une partie des enjeux associés qui se complètent par :

- ✓ **un regard sur l'organisation du travail** et son impact sur son exercice ;
- ✓ **les décisions sur la planification,** les temps de repos, les rotations d'équipes, et le sujet des congés ;
- ✓ **la répartition des tâches** sur un poste de travail ;
- ✓ **un regard sur les outils et le matériel ;**

1. Gestion des emplois et des parcours professionnels.

✓ **un regard sur l'environnement de travail :** les espaces de vie, les vestiaires, les sanitaires (oui… c'est un sujet qui peut occuper du temps en CSE), les parkings, la restauration…

✓ **un regard sur l'esprit collectif[1].**

Des spécialistes peuvent être dédiés à ces activités (ergonomes, médecine du travail, RH, fournisseurs) sans avoir la vision globale de l'usine, ce qui peut en faire perdre les priorités ou l'impact au bon endroit. Notre approche est d'intégrer cette dimension aux domaines de performance.

Nous précisons notre propos également sur l'amalgame présent dans nombre d'articles de presse qui n'en finissent plus de décrire le bonheur au travail et la bienveillance. Nous lisons les exemples d'entreprises qui parlent de conditions de travail et photographient leur baby-foot, évoquent des projets de formation sur la bienveillance et le respect alors que les irritants ne sont pas traités. L'univers de production que nous connaissons attend une approche plus pragmatique et visible dans les espaces de travail du quotidien. Le respect et la bienveillance commencent quand les moyens corrects sont donnés pour sortir d'une apparence de bonnes conditions de travail.

Par ailleurs, les réseaux sociaux deviennent la vitrine de la marque employeur ; certaines fonctions y accordent une forte importance et consacrent de l'énergie à « paraître bien » dans ce monde virtuel… Nous recommandons aux DU de travailler en « physique » les causes racines dans leur usine, plutôt que d'engager un projet superficiel de polissage de l'image de marque.

On a aussi vu fleurir dans les entreprises[2] des postes de responsable du bonheur ou *chief happiness officer* ou *well-being officer*. Accorder de l'importance à ce que les salariés d'une entreprise s'y sentent bien est incontestablement une bonne chose, mais

1. Chapitre 7, section Gestion du changement et mobilisation d'un état d'esprit.

2. À moins que ce ne soit uniquement dans les revues de la presse économique.

SAVOIR-ÊTRE

SAVOIR-FAIRE

SAVOIRS

nous sommes plus que dubitatifs sur les moyens employés pour y parvenir. Plutôt que de confier cette tâche à une personne, voire à un service[1], il nous semble préférable d'instaurer une mentalité[2] qui incite et encourage les équipes à faire en sorte qu'il y ait une bonne ambiance et des conditions de travail satisfaisantes. La présence et le développement de ce mode de pensée dépendent évidemment du DU et, par extension du couple DU/RH. C'est à lui de transmettre l'intérêt de se préoccuper et de s'occuper du bien-être de ses équipes. Nous mettrons juste en garde sur un point : il doit le faire parce qu'il y croit, parce que c'est éthique, pas en échange de quelque chose. Quant aux accords QVT[3] que la loi réglemente, ils seront facilement rédigés si en amont le codir de l'usine, sous l'impulsion du DU, a définitivement intégré ce sujet dans ses domaines de performances.

La dimension économique des RH

Trop souvent réduite à une fonction support source de dépenses et de charges la dimension RH est à aborder également dans une logique économique, afin de neutraliser les raisonnements un peu courts menant à des décisions arbitraires de réductions des coûts (de recrutement, de formation, de masse salariale) qui peuvent s'avérer être de faux paris sur l'avenir.

La maîtrise des coûts est une nécessité dans l'objectif de rentabilité d'un établissement, et nous le martelons en plusieurs endroits. Seulement, il ne s'agit pas de les réduire au détriment d'autres enjeux de performance ; l'humain étant au cœur des performances actuelles et futures des sites. L'expérience partagée avec des pairs montre l'intérêt de défendre, voire de sanctuariser, des budgets afin de maintenir des politiques RH pérennes et durables.

---

1. Les entreprises qui positionnent ces fonctions dans leur organigramme doivent vraiment gagner beaucoup d'argent.

2. Certains parlent de culture mais cette notion est de plus en plus galvaudée.

3. Qualité de vie au travail.

Être partie prenante de l'élaboration du budget

En lien avec l'objectif de tenue du budget, le focus sur la dimension RH fait le lien avec la gestion prévisionnelle des effectifs en quantité et qualité que nous venons d'aborder. Ce travail préalable doit aboutir à un budget identifiant les moyens en ETP[1] et en dépenses de fonctionnement pour déployer un plan RH réaliste servant les objectifs de performance du site.

Le DU doit s'assurer que les éléments des décisions de GEPP (les plans de succession, l'analyse des compétences) soient intégrés. Le budget sera alimenté des variations possibles d'une année sur l'autre, en lien avec des négociations à venir, des transformations à mener (nous avons rarement vu des changements réussir sans contrepartie… autant les prévoir plutôt que les subir), des coûts indirects de formation et de recrutements (recouvrement, formation technique spécifique…), des risques de contentieux, des impacts économiques des nouvelles réglementations.

Mobiliser les acteurs facilitateurs sur le territoire avec son équipe

Investir dans le domaine RH apporte un résultat mesurable à plus long terme que le compte de résultat annuel. Le DU a donc intérêt à mobiliser ses acteurs RH pour accompagner des démarches structurantes et démultiplier les moyens à allouer aux plans d'actions humains.

Nous avons rencontré plusieurs situations qui ont permis d'accroître le déploiement de solutions et de moyens complémentaires en s'appuyant sur les acteurs facilitateurs sur le territoire. En voici deux exemples particuliers :

✓ **Répondre aux enjeux de maintien et de développement des compétences**. Dans deux usines différentes et pour accompagner un renouvellement important des effectifs, la région a appuyé pendant quatre années le financement du plan de

1. Équivalent temps plein.

développement des compétences, ainsi que la conception de supports techniques capitalisant les connaissances de personnels expérimentés.

- ✓ **Développer et améliorer des conditions de travail par les aménagements de poste**. Les partenariats avec les équipes de santé et RH ont permis d'engager des études ergonomiques de plusieurs postes (cariste, contrôle visuel) garantissant le maintien dans l'emploi de salariés et apportant finalement des aménagements collectifs. Des soutiens financiers ont été obtenus pour certains de ces aménagements. En outre, il faut parfois savoir arbitrer entre investir dans un poste au lieu de financer une indemnité de licenciement pour inaptitude.

Le DU n'intervient pas directement dans la concrétisation de ces actions. L'objectif ici est d'en avoir une connaissance pour l'amener à opposer le champ des possibles à des équipes qui pourraient lui expliquer combien « c'est compliqué » ou que « nous ne sommes pas concernés » ou que « c'est impossible ». L'expérience démontre que l'appui des RH peut être concret et ainsi accompagner la performance.

LA QUALITÉ

Alors que la pression sur les prix, et donc celle sur les coûts, est au mieux un jeu à somme nulle, de plus en plus d'entreprises se tournent vers une stratégie dite « premium » qui implique une qualité supérieure à la moyenne, voire irréprochable. De plus, des produits de qualité[1], tout comme le respect des délais de livraison, constituent les bases du service client. C'est donc évidemment un domaine de performance dans lequel le DU devra fortement s'impliquer en actionnant différents leviers qui forgeront un système de management efficace de la qualité.

1. Conformes aux spécifications clients.

Ce système devra aller au-delà des certifications ISO se résumant bien trop souvent à une affiche dans le hall de l'usine. Nombreux sont ceux qui ont certainement connu ces documents signés à la va-vite par la direction dans des contextes où la certification a été obtenue à la suite d'un travail en mode intensif une semaine avant le passage de l'auditeur. Ce n'est évidemment pas la bonne façon de procéder. Il faut à la fois viser plus loin, mais aussi savoir faire simple.

Un système qualité définit les moyens (humains, matériels et organisationnels) permettant de livrer aux clients la qualité qu'ils souhaitent. Cette simple phrase, permet de mettre fin aux débats stériles concernant la « surqualité », implique d'établir très clairement les attendus (autrement appelés spécifications, cahier des charges) du client et doit en permanence guider le DU dans la mise en place et le pilotage de son organisation qualité.

Pour aller plus loin que les fondamentaux décrits précédemment, le concept de « qualité totale » s'est développé. Les entreprises, et donc les usines, se sont de plus en plus attachées à mettre en œuvre une démarche plus globale (bien au-delà de la simple conformité produit) d'amélioration continue du service, allant de l'accueil du client à la responsabilisation de tous les employés. Selon nous, cette approche se confond avec la démarche d'amélioration continue (appelée aussi *Lean management*) que nous abordons dans la section suivante intitulée « Management de la performance ». Dans certaines usines, celle-ci est garantie par le responsable qualité, mais nous préconisons plutôt que tous les membres du codir la soutiennent individuellement et collectivement.

LA SUPPLY CHAIN

En quoi cela devrait réellement consister ?

Il est important de rappeler en préambule que le DU doit garder un œil attentif sur cette fonction, car elle constitue un levier important pour le service aux clients et la productivité de l'usine.

Or, la supply chain est souvent « confisquée » par certains spécialistes sous le prétexte qu'il s'agit justement d'une fonction de spécialistes inventant des termes et des modes visant à rendre les choses plus complexes qu'elles ne le sont vraiment. De manière simplifiée et fondamentale, cette fonction doit prendre en charge les activités suivantes :

✓ **capter la demande clients,** voire la prédire ;

✓ **déterminer les moyens :** humains (primordiaux dans l'anticipation des besoins de main-d'œuvre temporaire), matériels (machines, matières...), organisationnels pour satisfaire cette demande ;

✓ **élaborer les plannings de fabrication** ou, plus globalement, la façon de produire pour avoir le plus faible temps d'écoulement possible, les stocks les plus réduits, la meilleure productivité possible, tout en servant les clients à l'heure et avec la quantité souhaitée ;

✓ **contrôler l'exécution du planning** et déterminer/mettre en place des plans de correction[1].

Le processus fondamental associé

Peu importe la façon dont on l'appelle, S&OP, IBP[2]..., le tout doit être organisé selon des processus, c'est-à-dire que chaque étape doit être planifiée et réalisée par des personnes (ou groupes de personnes) à fréquence fixe, régulière et enchaînée. La figure 3.1 présente un exemple macro des tâches à réaliser.

1. Il est en effet évident qu'un planning est faux dès lors qu'on le publie, tant ces variables évoluent en permanence.

2. Nous laissons aux lecteurs curieux le soin d'aller chercher la signification de tous ces barbarismes.

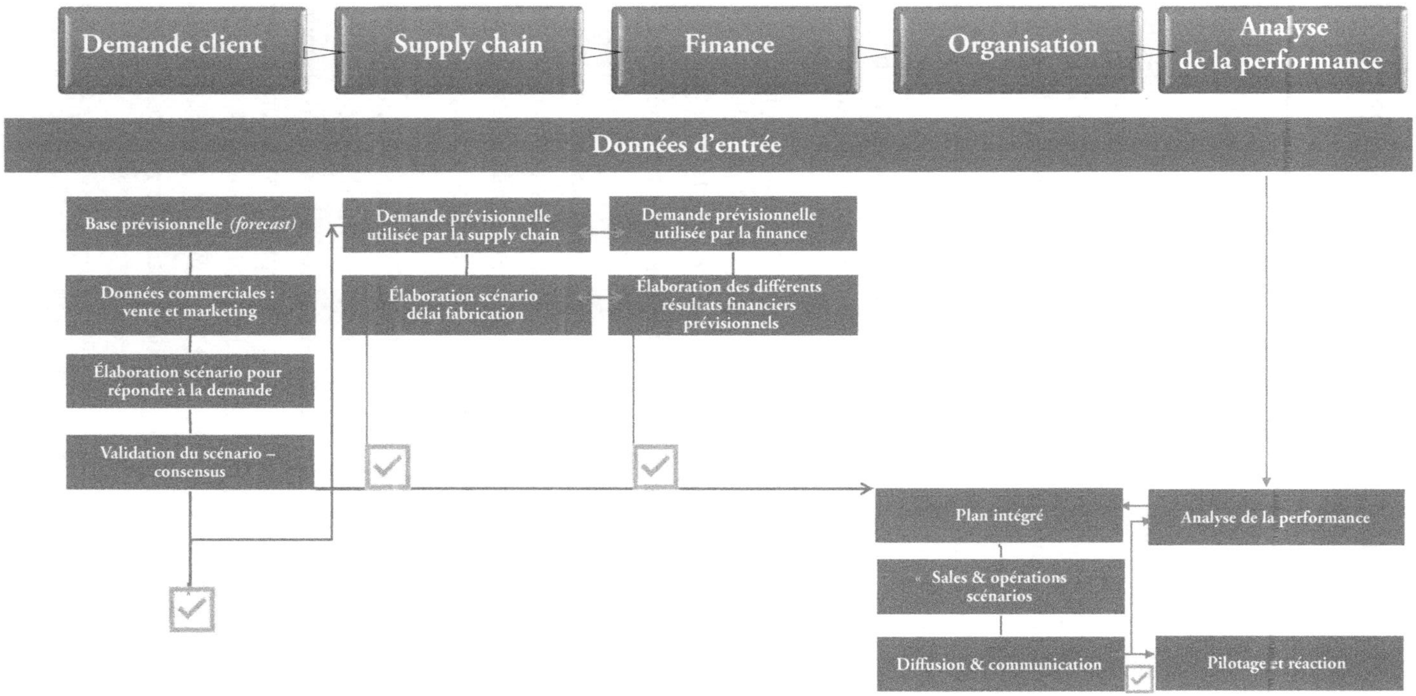

Figure 3.1 • Exemple d'un processus permettant d'anticiper et de répondre à la demande client

SAVOIRS SAVOIR-FAIRE SAVOIR-ÊTRE

LE MANAGEMENT DE LA PERFORMANCE INDUSTRIELLE

Système de management

Il nous a toujours semblé étrange qu'il n'y ait pas plus de réflexion sur la façon de manager la performance industrielle et son système associé. Comme les hommes, la performance se « manage ».

Pour certains secteurs d'activité, c'est obligatoire, ou plutôt induit par le mode de production. C'est ce que l'on retrouve dans l'industrie automobile avec une organisation en flux tirés où la non-performance est rapidement synonyme de perte de volumes produits, et donc de chiffres d'affaires. Il y a aussi les industries de process, à feu continu, où, en plus des impacts évoqués précédemment, la sous-performance impliquerait de telles perturbations et risques pour la santé et la sécurité des personnes, qu'elle est nécessairement éradiquée sous peu.

Et puis, il y a le reste des usines qui représentent le ventre mou et aussi, reconnaissons-le, une large majorité. Dans celles-ci, vous trouverez bien souvent au minimum une réunion de production, mais sans que personne ne sache vraiment quelle valeur ajoutée cette instance apporte. Amusez-vous d'ailleurs à poser la question de son objectif et vous aurez comme réponses « pour dire bonjour »[1], « pour informer, afin que tout le monde soit au courant des résultats ? », ce à quoi on pourrait rétorquer : y a-t-il vraiment besoin d'une réunion pour cela ? Il faut se réunir, oui, c'est même indispensable, mais comment et dans quel but ?

Lors de ces réunions dans des entreprises que nous appellerons « conventionnelles », vous entendrez plus d'insatisfaction que de problèmes et, en face de celles-ci, plus d'idées que d'actions. Enfin, dans ces mêmes usines, voire entreprises, vous entendrez même (expérience vécue) que réunir les équipes coûte cher avec des faux calculs de comptabilité analytique du type : x personnes multiplié par y minutes avec un taux de l'heure de z… ce qui fait que la

---

1. Véridique, on trouve même des vidéos de spécialistes Lean sur YouTube qui le disent.

réunion aura coûté, selon ces fanatiques de l'optimisation locale et de la réduction des coûts… trop d'argent, omettant au passage que la plupart des personnes qui participent à ces réunions sont des « indirectes ». Les affres de la réunionite ont bon dos !

Pour manager et surtout améliorer continuellement la performance globale d'une usine, nous préconisons un processus pour parvenir à une structure de « réunions de performance »[1] (plus explicite que « réunions de production », ou pire, « *morning meeting* ») qui a fait ses preuves dans différents contextes et industries. Elle a contribué à significativement changer la donne en termes de résultats sécurité, de service aux clients et de productivité. Tout dépend bien sûr du niveau de départ, mais il y a toujours eu au moins 5 % d'augmentation annuelle de la productivité.

Elle a aussi permis d'engager les équipes dans une démarche de progrès continu : remontée des « bons » problèmes traités par les « bonnes » fonctions avec le « bon » rythme et les « bonnes » priorités. Nous ne prétendons pas détenir et prodiguer une recette miracle, qui marche à coup sûr, mais nous affirmons qu'il existe des fondamentaux du management de la performance qui, s'ils sont correctement mis en place et appliqués chaque jour avec discipline et intensité, permettent les gains et avancées mentionnés précédemment.

Standards

Ce livre n'a pas vocation à décrire ce qu'est le *Lean Manufacturing*, ni à détailler ses outils et méthodes, mais nous souhaitons tout de même préciser certains points concernant les standards.

Tout d'abord, rappelons qu'ils peuvent prendre différentes appellations. Certains emploieront les termes procédure, mode opératoire, *SOP* (en anglais), leçon en 1 point. Les puristes souligneront des différences, mais au fond, tous désignent un document qui décrit comment faire les choses. Le fait de tout

1. Nous y reviendrons dans la partie Savoir-faire.

regrouper sous le terme de standard évite, selon nous, confusions et complications.

Les standards, donc, sont en premier lieu la base de toute amélioration. En effet, comment savoir si une initiative est réellement source de progrès si nous ne connaissons pas la référence, ni comment le travail de chacun est réalisé ? Imaginez une usine travaillant en 3 × 8. On conçoit aisément la nécessité que les activités et les postes de travail soient identiques et qu'un client attende le même niveau de qualité quelle que soit l'équipe qui fabrique son produit. Comment garantir cela sans une base commune ? La réponse est simple, c'est impossible ! Sans standard, les usines s'exposent à une énorme variabilité qui entraîne des conséquences néfastes sur l'ensemble de ses domaines de performance.

Un autre point notable concerne les conséquences indirectes de l'évolution des normes ISO au début des années 2000. Le passage des procédures aux processus et les nombreux départs liés à des plans de licenciements ou départs en retraite non remplacés (de façon voulue ou pour cause de manque d'anticipation) ont considérablement contribué à faire perdre le savoir-faire et le partage du travail implicite entre personnes ayant l'habitude de travailler ensemble, qui faisaient la force de nombreuses entreprises françaises. Rédiger les standards est un moyen de le récupérer, de le faire perdurer et de l'enrichir en constituant à la fois une mémoire et un support de formation.

En corollaire des deux points précédents, les standards doivent être audités et évolutifs pour donner leur pleine efficacité :

✓ **La nécessité de l'audit tient à la discipline** et au fait que si les standards ne sont pas appliqués, aussi pertinents soient-ils, ils ne permettront pas d'atteindre le niveau de performance souhaité. De façon à être le plus efficient possible et à ne pas créer une organisation uniquement dédiée à l'audit, les standards doivent être « visuels ». Plus un standard l'est, plus il est facile de voir s'il est bien appliqué et, sachant cela, plus les personnes en charge de les mettre en œuvre le feront sans besoin répété de contrôle, voire de recadrage.

✓ **L'évolution permanente obligatoire des standards** est le signe de la capacité d'une usine à se remettre en question et à progresser régulièrement. Petite anecdote : j'ai visité une usine 6 ans après mon passage en tant que directeur, et les standards contenaient toujours mon nom. Alors que l'équipe était fière de me montrer que les systèmes mis en place avaient perduré, je leur ai gentiment fait remarquer que le système aurait dû au contraire largement évoluer.[1]

Maintenance

De manière simplifiée, mais surtout essentielle, la maintenance (industrielle) consiste à conserver l'outil de production dans un état de fonctionnement optimal, grâce à un ensemble d'opérations d'entretien, de réparation, de dépannage et d'amélioration. Plus précisément, les objectifs généraux sont les suivants :

✓ **assurer le meilleur niveau de performance** possible du potentiel productif en sécurité et qualité ;

✓ **maximiser la disponibilité du matériel,** c'est-à-dire les temps d'arrêt non planifiés sur une machine ;

✓ **réduire les sources de variabilité ;**

✓ **prolonger la vie de certains équipements** pour repousser l'investissement de remplacement ;

✓ **minimiser les coûts d'intervention ;**

✓ **assurer un dépannage rapide.**

Soulignons qu'il existe différents types de maintenance :

✓ **celle non planifiée, dite curative,** impliquant un dépannage[2] ou une réparation[3] ;

1. Stéphane Lefèvre partage tout au long de l'ouvrage certaines situations vécues à la première personne.

2. Opération provisoire permettant de poursuivre l'activité quand bien même en mode dégradé.

3. Remise en état du matériel à son niveau nominal.

✓ **celle planifiée, dite préventive ou prédictive,** avec différents niveaux d'intervention :

- **un entretien préventif, dit aussi de « premier niveau » :** effectué de façon systématique à coût négligeable par le personnel opérant sur la machine. Il peut s'agir de nettoyage, de graissage…
- **un contrôle ou une visite systématique des parties d'une machine** qui sont aisément contrôlables et dont les pannes, connues en fonction de la durée de vie des pièces, peuvent être détectées à l'avance. Il est alors effectué une réparation ou un remplacement suivant les résultats de ce contrôle. On parle de maintenance prédictive conditionnelle ;
- **un remplacement systématique des parties non contrôlables d'une machine** et dont les pannes ne sont connues que par l'historique de la machine ou par les caractéristiques des éléments constitutifs. Il est alors effectué un remplacement des éléments avant la probabilité de la panne : c'est la maintenance prédictive inconditionnelle.

Signalons la part importante que peut représenter la maintenance dans l'amélioration continue des performances si le DU assigne les objectifs spécifiques suivants :

✓ **Améliorer les gammes de maintenance** pour les rendre plus pertinentes et ainsi en réduire la fréquence et la durée à performance égale des équipements.

✓ **Améliorer les équipements eux-mêmes** pour les rendre plus fiables, plus robustes et donc moins gourmands en ressource de maintenance et potentiellement aussi moins énergivores.

✓ **Accroître la connaissance fine des équipements** pour réduire la dépendance et les risques associés vis-à-vis des fabricants et fournisseurs de pièces et consommables.

✓ **Adapter les équipements à l'évolution des besoins** du business (accepter une nouvelle gamme de produit) en collaboration avec les services méthodes de l'usine.

✓ **Lorsque l'adaptation ne suffit plus,** fort de l'expérience acquise sur les anciens équipements, participer à la rédaction du cahier des charges avec les équipes travaux neufs et anticiper la maintenance des futurs équipements afin d'assurer un démarrage optimal des CAPEX[1].

Un peu comme pour la sécurité, on connaît donc parfaitement la recette à suivre et les ingrédients à employer pour s'assurer un fonctionnement optimal (en tout cas le niveau de disponibilité souhaité) des équipements de l'usine.

Mais pourquoi alors est-il si rare de voir un tel fonctionnement dans les usines ? S'il peut y avoir de nombreuses raisons, les plus communes sont les suivantes :

✓ **Les programmes de maintenance préventive** sont souvent sacrifiés sur l'autel de la réduction des OPEX[2]. Il est en effet très facile (cela relève juste d'une décision) et peu visible sur les résultats à court terme de diminuer les dépenses de maintenance.

✓ **Les effectifs sont réduits jusqu'au sous-dimensionnement,** engendrant non seulement une incapacité à réaliser les interventions préventives, mais aussi une perte de savoir-faire qui sera rédhibitoire et très longue à retrouver. On déconstruit en général plus vite qu'on ne construit et c'est encore plus vrai dans le domaine de la maintenance.

✓ **Les arrêts planifiés sont repoussés,** voire annulés, pour préserver de façon illusoire les capacités de production[3].

Toutes ces causes « communes » ont elles-mêmes une racine commune, à savoir l'obsession des résultats rapides ou le fait de sacrifier la vision long terme pour quelques gains marginaux à court terme.

---

1. *CAPital EXpenditure.*
2. Dépenses de fonctionnement.
3. Toyota et ses usines qui ne travaillent pas le week-end, voire pas les nuits, pour avoir des plages horaires dédiées à la maintenance est un parfait contre-exemple.

C'est là que le DU a un rôle décisif à jouer. En effet, il n'est pas utile qu'il devienne un expert de la maintenance et qu'il s'implique directement dans l'exécution du préventif, mais il devra contribuer à la définition de la politique maintenance et aura souvent à convaincre sa hiérarchie du bien-fondé de celle-ci.

Investissements

La nature, le niveau et l'impact des investissements sont très variables d'une industrie à l'autre et donc potentiellement d'une usine à l'autre.

Les investissements (les vrais, pas ceux qui sont en fait à classer dans la catégorie travaux neufs ou maintenance) doivent s'inscrire dans le plan industriel défini pour le site. Ils peuvent répondre à un besoin de :

✓ **modernisation** pour gagner en sécurité, ergonomie, conditions de travail, qualité ou productivité (besoin d'amélioration) ;

✓ **augmentation** des capacités de production (besoin marché) ;

✓ **fabrication** d'une nouvelle gamme produits (besoin marché).

Dans tous les cas, leur décision (ou, tout du moins, la décision de les soumettre à l'approbation des dirigeants et/ou des actionnaires) découle de ce qui a été défini dans un plan en lien avec la stratégie d'entreprise et répondant à l'atteinte des objectifs fixés pour le site.

Amélioration continue

Cette expression que toutes les entreprises emploient[1] est, comme le *Lean*, souvent utilisée abusivement. Plus qu'une fonction ou une position dans un organigramme, et plutôt que de faire appel à des consultants plus ou moins pertinents qui viendront avec leur méthode ou, pire, avec leurs outils, le DU doit se poser

1. Les certifications ISO imposent d'ailleurs d'avoir un processus garantissant l'amélioration continue.

la question de comment façonner une organisation qui améliorera chaque jour les performances du site et son fonctionnement.

Le système de management décrit précédemment est une condition nécessaire, mais pas suffisante. Il faut aussi instaurer un esprit d'amélioration au sein des équipes. Mais quel est cet esprit, certains allant même jusqu'à parler de philosophie ?

Pour cela, les 14 principes de management, énumérés ci-dessous, qui régissent l'amélioration continue chez Toyota, font clairement référence et nous tenterons de voir concrètement dans la partie Savoir-faire leur signification et application pratique :

1. La vision à long terme.
2. Le flux pièce à pièce.
3. Le système tiré.
4. La production lissée.
5. La résolution des problèmes.
6. La standardisation des tâches.
7. Le contrôle visuel.
8. L'utilisation de technologies fiables.
9. Former les dirigeants.
10. Développer l'excellence individuelle.
11. Trouver des partenaires fiables.
12. Aller sur le terrain pour comprendre.
13. Prendre le temps nécessaire à la réflexion.
14. L'entreprise apprenante.

Les flux

Nous allons ici nous attacher à démontrer l'impact sur les performances, et plus précisément sur les niveaux de stock, le temps d'écoulement et la productivité avec la mise en place d'une organisation en flux tirés.

Dans un flux conventionnel, présent dans plus de 95 % des usines[1], les flux sont discontinus, turbulents et poussés. Voyons donc plus en détail ce que cela signifie, les raisons et les conséquences sur la performance.

Flux discontinus

Les flux sont discontinus parce que l'on produit selon les fluctuations du marché. La charge d'une journée ou d'une équipe postée peut donc être très variable, et les machines fonctionnent chacune à leur propre rythme sans être synchronisées entre elles sur la base de la demande moyenne du marché. Dans ces conditions, il ne peut y avoir de dimensionnement optimal des ressources chargées de conduire les machines, ni de prévision possible des déclenchements de changements de fabrication, ni encore de « bonne » coordination des activités associées.

Les conséquences sont une dégradation de la productivité directe et indirecte par :

- ✓ **un surdimensionnement des équipes** pour absorber des pics de charge ;
- ✓ **une dégradation du TRS**[2] par des temps de changement de fabrication plus longs que nécessaire car peu ou pas anticipés ;
- ✓ **un dimensionnement excessif des équipes** en charge des changements de fabrication.

Flux turbulents

Les flux sont turbulents quand on envoie les ordres de fabrication sur les lignes disponibles (pas obligatoirement les lignes les plus efficientes) et pas selon les meilleurs enchaînements possibles des différents produits à fabriquer. Tout comme les flux discontinus, ils empêchent une productivité optimale via des TRS dégradés sur ses composantes cadences et temps de changements.

1. Chiffre donné arbitrairement mais, aussi curieusement que cela puisse paraître, il nous semble même assez « optimiste ».

2. Taux de rendement synthétique.

Flux poussés

Les flux sont poussés quand ils sont dictés par un paradigme qui consiste à utiliser les machines, les îlots de fabrications, les ateliers, au maximum de leur cadence ou au maximum de leur capacité et non pas à produire si le processus aval a des besoins et selon sa capacité d'absorption. Ce paradigme, associé à des flux discontinus, conduit à des stocks et encours bien plus élevés que nécessaire et donc à un allongement des temps d'écoulement.
Par opposition, dans une entreprise réellement performante, les flux tirés sont également et nécessairement continus et laminaires.

Flux continus

Dans un flux continu, on fixe, sur une période donnée, un rythme constant de production répondant aux besoins du marché à l'aide de la mise en place de stocks de produits finis (ou semi-finis) contrôlés appelés « supermarchés ». Ceux-ci permettent d'éviter les ruptures d'approvisionnement des équipements goulots et donc les ruptures clients. La connaissance du rythme de production induite par ce type de flux permet un dimensionnement optimal de la main-d'œuvre directe, mais aussi indirecte, car on peut prédire et décider les périodes de lancement des changements de fabrication.
Avec ce flux :

- ✓ La productivité ne dépend plus du mix produit ni du volume.
- ✓ On « sature » les hommes et pas nécessairement les machines[1].
- ✓ La coordination/synchronisation des activités des équipes lors des changements de fabrication permet de limiter les ressources (directes et indirectes) nécessaires aux activités à faible valeur ajoutée et de réduire les temps de changement de fabrication (d'où un meilleur TRS).

1. Précisons que le terme « saturé » ne signifie en aucun cas surcharger les opérateurs. L'idée est de combattre un mauvais paradigme qui consiste à penser que plus une machine tourne, meilleure sera la productivité : nous reviendrons dans la partie « Gestion des coûts » sur la définition de la productivité.

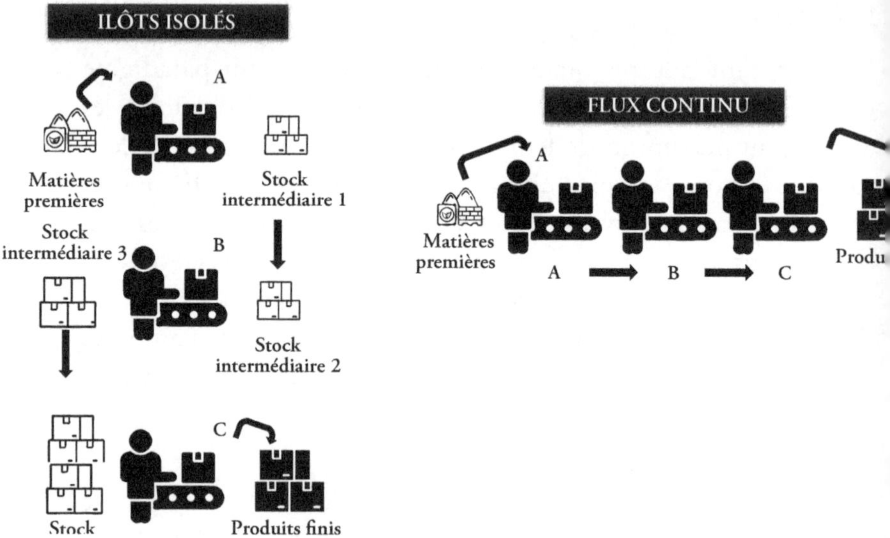

Figure 3.2. • Production par lots *vs* production en flux continu

Flux laminaires

Les flux sont laminaires quand on affecte les produits aux lignes de fabrication les plus adaptées et qu'on fige les enchaînements (meilleures séquences de changements de fabrication par ligne possibles) évitant ainsi de nombreuses tâches à non-valeur ajoutée en réduisant la complexité de ces changements. De plus, avec ce type de flux, pas de retour en arrière, pas de croisement de flux arrivant sur une même machine avec un besoin d'espace de stockage, de manutention et d'ordonnancement.

Flux tirés

Les flux sont tirés, quand on fabrique au juste nécessaire, au moment venu, sur chaque ligne de fabrication en fixant à la maille hebdomadaire ou mensuelle des cycles de fabrication par ligne. On ne produit que ce que veut le client, au moment où il le veut, car chaque cycle produit, en quantité voulue, l'ensemble des références nécessaires. Cela augmente la disponibilité des produits et diminue les tailles de lots avec, à la clé, une diminution des stocks et des temps d'écoulement.

Tout cela va évidemment à l'encontre des techniques de production de masse qui ont fait leur preuve dans un environnement où la flexibilité et le choix offert au client étaient restreints.

Les paradigmes des flux tirés affirment les principes suivants[1] :

✓ Oui, le mieux est parfois d'arrêter une ou plusieurs machines afin d'éviter la surproduction.

✓ Oui, il est parfois préférable de constituer des stocks de produits finis pour lisser le programme de fabrication plutôt que de fabriquer en suivant les fluctuations de la demande réelle des clients.

Faux flux

Notons enfin que de nombreuses usines prétendent fonctionner en flux dès lors qu'elles utilisent des kanbans, du management visuel d'un flux, etc. Il s'agit souvent, pour ne pas dire dans l'immense majorité des cas, d'un « faux flux ». Celui qui consiste, par exemple, à rapprocher des machines, à les mettre « en ligne » pour créer ce qui ressemble à une cellule en flux pièce à pièce, puis à fabriquer des lots à chaque poste en oubliant le rythme de la demande clients.

Automatisation et digitalisation

Pour améliorer leur compétitivité, les entreprises doivent saisir l'opportunité d'intégrer dans leurs processus toutes les possibilités offertes par les nouvelles technologies numériques. Les robots sont plus « intelligents et amicaux », le traitement des données est plus

1. Pour aller plus loin (et connaître d'autres « bons » principes induits par les flux tirés), nous vous recommandons la série de livres de Jean-Claude Douthe, Les conditions de l'Excellence (Institut Valessentia, 2021) et l'ouvrage de Jeffrey Liker, Le modèle Toyota, 14 principes de management (Pearson, 2021).

puissant et rapide, et surtout, ces nouvelles avancées sont chaque jour plus accessibles. Les possibilités sont donc immenses, voire infinies. Les usines qui sauront tirer profit de ces possibilités auront donc plus d'opportunités que les autres d'accroître leur productivité, de viser une plus grande flexibilité et de réduire leur consommation énergétique.

La question n'est donc pas de savoir s'il faut prendre cette orientation, mais dans quel but, comment, et avec quelles technologies ? Que ce soit l'automatisation[1] ou la digitalisation[2], le but doit être commun : ces technologies doivent servir les hommes, les processus, contribuer à la valeur ajoutée[3] et à réduire l'impact de l'activité sur l'environnement.

Ainsi, elles s'inscrivent parfaitement dans les principes du *Lean Manufacturing* ou du *Toyota Production System (TPS),* contrairement à ce que certains (avides de modes et de marketing pour vendre de « faux » nouveaux outils de progrès) voudraient nous faire croire. En effet, ce n'est pas parce qu'il y a de nouveaux besoins, de nouveaux défis (climatiques : produits plus « verts » ; sociétaux : les réseaux sociaux et leur quête de transparence absolue sans discernement), la nécessité d'une plus grande ouverture de l'usine vers l'extérieur (moyens d'attirer de nouveaux talents éduqués dans l'idée que le monde industriel ne représentait pas l'avenir) qu'il faut « ripoliner » le *Lean.* Nous recommandons surtout et vivement à chaque directeur d'usine de s'en inspirer et de l'appliquer effectivement.

---

1. Utilisation de technologies pour effectuer certaines tâches permettant d'éviter une intervention de l'homme ou avec une intervention humaine réduite.

2. Connecter les employés entre eux, à l'entreprise et au monde extérieur.

3. Une définition de la valeur ajoutée en usine pourrait être : « tout ce pour quoi le client est prêt à payer ».

LA GESTION DES COÛTS

Un DU doit gérer les coûts. Cette affirmation est évidente mais nous souhaitons tout de même la mentionner car, d'une part, le rôle du DU est de plus en plus restreint et devient parfois cantonné à un « super responsable de production » dans certaines entreprises et, d'autre part, il est important de bien comprendre les raisons et la signification de cette affirmation.

Il doit gérer les coûts car la rentabilité d'une usine est son objectif premier et car on comprend aisément, sans même rentrer dans des considérations de spécialistes de la finance, qu'*a minima*, une bonne maîtrise des coûts contribue à l'atteinte de cet objectif.

Mais cette activité « financière » peut avoir plusieurs significations, selon que vous demandez à un chef d'entreprise, un directeur administratif et financier ou à un fonds d'investissement. Nous proposons la définition suivante pour un directeur d'usine : il s'agit d'abord d'établir et de tenir un budget, mais aussi de produire avec un savoir-faire différenciant pour avoir un chiffre d'affaires de qualité, être au meilleur coût et donc maximiser le résultat d'exploitation[1].

Lecture, compréhension et analyse du compte de résultat

Même si le DU n'est pas « *plant general manager* » (titre donné à ceux qui ont explicitement la responsabilité du résultat d'exploitation), il est intéressant, voire primordial, pour lui de bien comprendre la décomposition d'un compte de résultat et comment maximiser l'EBITDA[2] par la conversion d'une analyse financière en actions et décisions opérationnelles.

1. En anglais, on parle de la *bottom line* du P&L.
2. *Earnings before interest taxes depreciation and amortization.*

Le tableau 3.1 présente la composition d'un compte de résultat :

Charges	Produits
Charges d'exploitation	**Produits d'exploitation (CA)**
Achat matières premières, marchandises Variation de stocks Autres achats et charges externes Impôts et taxes Salaires et charges sociales Dotations aux amortissements	Vente de marchandises
Charges financières	**Produits financiers**
Intérêts des emprunts, frais financiers	Autres intérêts, produits des titres
Charges exceptionnelles	**Produits exceptionnels**
Opération de gestion	Opération de gestion
Total des charges	**Total des produits**
Résultat de l'exercice (bénéfice)	Résultat de l'exercice (perte)
Total	**Total**

Tableau 3.1 • Décomposition schématique d'un compte de résultat

Précisons d'emblée que le DU ne doit pas se désintéresser de la « *top line* », c'est-à-dire du chiffre d'affaires, et ce pour plusieurs raisons :

✓ **La qualité du CA (appelé aussi mix produit),** celle qui permettra des prix de ventes confortables peut être obtenue via un savoir-faire différenciateur que seul le DU peut/doit initier et coordonner.

✓ **Un bon service client (qualité et délai),** lui aussi garanti par les actions menées par le DU et son équipe, peut augmenter le niveau de ventes ou, tout du moins, ne pas tendre à le diminuer.

- ✓ **Il est plus facile, d'un point de vue social, de piloter une usine** qui a un « bon » niveau de charge.
- ✓ **Les objectifs de productivité** sont, dans un système en flux poussés et, même si c'est illusoire, plus faciles à atteindre quand la charge, donc le volume de vente, sont élevés.

La trésorerie et ses enjeux

La liquidité de trésorerie est la contrainte prioritaire. Autrement dit, une trésorerie négative diminue les capacités d'investissements, voire accroît le risque de faillite. Selon que le DU sera dans une petite ou une grande entreprise, les préoccupations seront différentes et, comme nous l'avons dit, il est rarement mis directement à contribution dans la gestion de la trésorerie. Il doit néanmoins connaître les leviers dont il dispose et qu'il doit actionner pour maximiser le *cash flow* ou minimiser le besoin en fonds de roulement. Sans vouloir rentrer dans les détails techniques de la finance[1] (encore une fois, cet ouvrage se veut « vulgarisateur »), il est important que le DU maîtrise quelques définitions :

- ✓ **La trésorerie,** de manière simplifiée (simpliste diront les experts de la finance), est la différence entre les ressources de financement et les moyens utilisés. Dans des termes plus techniques, la variation de trésorerie qui, si elle est négative, peut poser problème, se traduit par la différence entre la capacité d'autofinancement (CAF) et le besoin de financement du cycle d'exploitation (plus communément appelé BFR, besoin en fonds de roulement).
- ✓ **La CAF** (aussi appelée *cash flow*) est la somme du résultat net comptable et de la dotation aux amortissements.

1. D'autres l'ont écrit mieux que nous ne le ferions. Consultez l'ouvrage de Jean Darsa et Stéphanie Zeitoun, Toute la finance pour non-financiers (ESF Prisma, L'essentiel du management, 2020).

SAVOIR-ÊTRE SAVOIR-FAIRE SAVOIRS

✓ **Le BFR** est la somme des stocks et encours clients, mais aussi des ressources d'exploitation dont l'usine a bénéficié (par le biais des fournisseurs et des dettes fiscales et sociales).

Pour prendre soin de la trésorerie de son usine et par extension de l'entreprise, au-delà du résultat d'exploitation sur lequel il est de toute façon plus ou moins directement attendu (différence entre *plant manager* et *plant GM*), le DU doit donc minimiser les stocks et encours. La meilleure façon d'y parvenir sans dégrader le service aux clients est de mettre en place des flux continus, laminaires et tirés.

LA PERFORMANCE STRATÉGIQUE AU NIVEAU DU SITE

C'est sans nul doute un domaine sur lequel le DU doit agir, d'autant plus qu'il est difficile à définir et à rendre visible (tout du moins à court terme), car il n'existe pas de KPI basiques et évidents pour le caractériser. Nous n'allons pas décrire un processus aboutissant à une stratégie, mais identifier ce qui caractérise la performance stratégique dans une usine et comment la mesurer.

Comment la caractériser ?

Posez-vous déjà la question de savoir s'il y a une stratégie pour l'usine. Cette question peut paraître surprenante, voire saugrenue, mais faites le test dans les usines que vous connaissez, que vous avez côtoyées ou dans laquelle vous travaillez actuellement. Souvent, si l'on met de côté les banalités génériques du type « offrir aux employés les meilleures conditions de travail et le meilleur service possible à nos clients », il n'y a rien !

Plusieurs raisons, plus ou moins assumées, à cela : d'abord la réduction de l'autonomie et du périmètre de responsabilités du DU qui, dans bien des cas, n'est positionné que pour appliquer (exécuter) des décisions prises par un « groupe ». Ensuite parce que l'obsession, ce que nous nommons « la dictature du court terme », tout comme la volatilité des contextes industriels, dissuadent les DU de définir et de mettre en œuvre une stratégie moyen/long terme.

Or, ce ne sont que de mauvaises raisons : le DU doit définir une stratégie. Il doit prendre/obtenir la latitude de le faire car il est, et doit être, le plus à même, par sa connaissance du terrain, des équipes, des produits, des marchés, des clients, de faire les choix structurants qui emmèneront l'usine vers la réussite, malgré les incertitudes qui planent inévitablement sur elle. En effet, plus une usine aura défini ses priorités, décidé des chemins pour y parvenir (tout cela pouvant et devant bien sûr être itératif et évolutif), plus elle aura son destin entre ses mains (celles de ses équipes).

La performance stratégique doit donc faire clairement apparaître des choix, et donc des renoncements : on ne peut pas poursuivre de multiples buts, tout du moins dans une période donnée. Elle doit être spécifique à l'usine, à son contexte et à ses caractéristiques, « différenciante », concrète (elle doit parler aux équipes, à tous les échelons de l'usine) et largement communiquée.

Comment la mesurer ?

Tout pourrait se résumer avec la figure 3.3 :

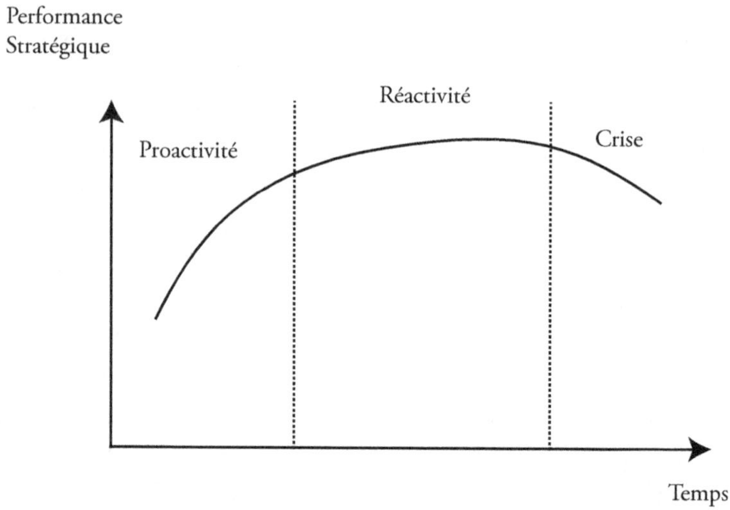

Figure 3.3. • Échelle de mesure de la performance stratégique

Plus vous avez défini votre stratégie (choisi vos buts et les chemins à emprunter pour y parvenir), plus votre performance stratégique sera proactive et progressera. Plus vous vous contenterez de la gestion du quotidien, d'uniquement réagir face aux événements et aux aléas, plus vous stagnerez et augmenterez vos chances d'aller vers de la gestion de crise.

CHAPITRE 4

Les pièges à éviter

Les questions auxquelles répond ce chapitre

- « Alice au pays des KPI »
- Le reporting : une fausse mauvaise idée
- Le syndrome du facteur
- Le fonctionnement en étoile

« ALICE AU PAYS DES KPI »

Malgré ce que pourrait sous-entendre le titre de cette section, les KPI ne font pas de merveilles, ils donnent simplement des indications sur certains domaines de performance. Alors, oui, on ne progresse durablement que sur ce que l'on mesure. Parfois même, le fait de mesurer induit quasi systématiquement une amélioration. Oui, il faut parler avec des données. Les KPI sont donc utiles, voire indispensables, pour un DU dans le pilotage de son usine, à condition d'avoir choisi les « bons » et de les manier avec précaution.

Les mots ayant un sens, les KPI, indicateurs clés de performance, doivent mesurer la performance sur des domaines/aspects critiques *et* prioritaires. Cela appelle donc une certaine sélection. Imaginez que le tableau de bord de votre voiture comporte plus de 100 indicateurs et autres voyants. Il serait difficile dans ces conditions de trouver les informations strictement utiles et nécessaires que sont la vitesse et le niveau de carburant. Eh bien dans une usine, c'est la même chose.

La nécessaire sélection doit prendre en compte les objectifs d'une entité dans un contexte donné. Une usine en transformation ne pourrait se contenter d'un nombre trop limité de KPI, tant il sera utile de mesurer des points spécifiques sur une certaine période.

C'est là un autre aspect important de la sélection et de la définition des indicateurs : ils doivent être évolutifs. Rien n'est pire que les usines qui continuent à mesurer par la force de l'habitude des indicateurs obsolètes et donc inutiles.

Dans cette section, notre but est de présenter quelques exemples et concepts qui, nous l'espérons, vous éclaireront sur les pièges à éviter.

Exemple 1 : un nouveau directeur qui confond la forme et le fond dans la mesure de la performance

Cette situation a eu lieu alors que je venais de prendre des fonctions de directeur industriel après avoir occupé pendant 3 ans la fonction de directeur d'usine dans un groupe manufacturier international. Un nouveau directeur avait donc pris ma succession dans l'usine que j'avais pilotée et qui restait dans mon périmètre de responsabilités. Je lui avais transmis l'ensemble des informations que je considérais comme nécessaires et avais particulièrement insisté sur l'intérêt de conserver le système de management qui avait permis de redresser une situation compromise. Il a commencé cette prise de fonction dans cette voie et les congés d'été ont débuté. Pendant cette période, je suivais les résultats de l'usine au quotidien, car j'avais déjà eu quelques alertes sur le mode de management qu'impulsait ce nouveau DU, mais je mettais surtout cela sur le compte d'une réticence des équipes au changement. À mon retour de congés, ce ne sont pas tant les résultats, en écart croissant avec les objectifs, qui m'ont interpelé que les changements introduits dans le système de management. À première vue, ceux-ci étaient mineurs car ils semblaient ne concerner que la forme. En effet, le DU avait demandé que l'on mette une plaque de plexiglas sur les panneaux où l'on notait les performances et problèmes du jour. La raison invoquée était que cela « ferait plus propre ». J'étais particulièrement ennuyé parce que je me rendais compte qu'il n'avait pas perçu que ce changement concernait non seulement la forme, mais aussi le fond. Comme dit précédemment, le système d'indicateurs doit être flexible, agile. En clair, on doit pouvoir le challenger régulièrement et pas seulement en ce qui concerne les objectifs. On peut et on doit même pouvoir en ajouter au gré de l'apparition de nouveaux problèmes, de nouveaux défis, qu'ils viennent de l'interne ou de l'externe (demandes clients, par exemple). Le fait de mettre une plaque de plexiglas sur les tableaux rendait évidemment le système beaucoup moins souple. Rien d'insurmontable bien sûr, mais vous conviendrez (à l'inverse du DU concerné) que devoir manier la visseuse à chaque fois que l'on souhaitait modifier un KPI n'était pas la meilleure preuve d'agilité.

Il vous faudra aussi distinguer les indicateurs de moyens et les indicateurs de résultats, autrement appelés respectivement *leading* et *lagging* KPI. Les premiers sont difficiles à mesurer, mais plus faciles à influencer, contrairement aux seconds, dont la mesure est généralement simple, mais aux leviers plus indirects.

ANALOGIE

Prenons l'exemple de votre poids[1]. Si vous souhaitez en perdre, il vous faudra le mesurer pour savoir si vos efforts paient. Rien de plus facile : vous montez chaque jour à heure fixe sur votre balance et vous saurez. Il s'agit là d'un *lagging* KPI : facile à mesurer, mais difficile à influencer. Si vous décidez de vous donner plus de chances d'atteindre votre objectif, vous passerez par la mesure de *leading* KPI qui pourront consister à évaluer le nombre de calories que vous ingérez et que vous dépensez. La mesure sera moins facile que celle affichée par votre balance à chaque fois que vous montez dessus, mais vous saurez davantage comment l'influencer en identifiant les aliments que vous mangerez et leur apport calorique, ou en mesurant les calories perdues après une séance de sport.

Toujours pour alimenter votre sélection de bons KPI, gardez en tête qu'ils doivent converger vers un même but, celui défini dans le cadre de votre vision de l'usine[2].

Enfin, pensez que la mesure imposée par vos KPI prendra du temps (même si elle est automatisée) à des personnes de vos équipes. Demandez-vous donc régulièrement (même après votre sélection) si ces KPI vous apportent de la VA (valeur ajoutée). Gardez la notion suivante en tête : si vous mesurez l'inutile, vous serez tenté d'agir sur l'inutile et là, ce sera la double peine.

Nous pensons qu'il n'est pas possible de définir un nombre pertinent de KPI dans une usine mais, comme vous l'aurez compris, nous souhaitons insister sur le fait que tout ce qui compte ne peut être mesuré et que tout ce qui peut être mesuré ne compte pas forcément.

1. On devrait dire masse.
2. Chapitre 7, section « Création de la feuille de route ».

Exemple 2 : la politique de la réduction des écarts type au sein d'un groupe industriel manufacturier

Cette entreprise utilisait un système de KPI très clair et très ancré. Ainsi, toutes les usines pouvaient présenter leurs résultats selon un modèle standard, parfaitement compréhensible par tous, notamment le comité exécutif, et ce, dans tous les domaines de performance. Cela offrait évidemment la possibilité de comparer les usines entre elles, et commandait presque « mécaniquement », à celles qui se trouvaient éloignées de la moyenne, des plans d'actions pour combler les écarts qu'elles présentaient. Ce raisonnement, qui semble frappé au coin du bon sens à première vue, présente pourtant de nombreux inconvénients si on ne prend pas un peu de recul sur l'analyse :

✓ Premièrement, à moins que les usines fabriquent toutes les mêmes produits avec les mêmes équipements, les comparaisons chiffrées, même corrigées de coefficients pondérateurs, peuvent induire des défauts d'analyse.

✓ Deuxièmement, ces injonctions à réduire ces écarts types peuvent détourner les usines de leur vision qui doit leur être propre, spécifique et adaptée à leur contexte.

Les comparaisons peuvent donc alimenter leur vision, mais ne doivent pas constituer leur unique angle d'attaque.

Exemple 3 : la visite d'une usine de construction navale

Comme nous l'avons évoqué précédemment, il nous semble indispensable pour un DU de s'ouvrir à ce qui se fait à l'extérieur. Dans cette optique, je visite régulièrement des sites industriels de différents secteurs et l'un d'eux m'a particulièrement marqué. Il s'agissait d'un site de construction navale qui s'était, selon les dires de son directeur, récemment « converti au *Lean Manufacturing* ». Durant la visite, il nous montrait fièrement les innombrables panneaux d'indicateurs qui empêchaient parfois de voir les opérations de l'atelier. Ceux qui faisaient cette visite avec moi étaient subjugués par toutes ces informations visuelles. De mon côté, j'ai demandé à un opérateur de me dire quelle information lui était utile. Sa réponse fut un cinglant « ça, c'est pour les chefs ! ».

Exemple 4 : le cas des *marginal gains* de Dave Brailsford

Dave Brailsford est un directeur sportif anglais qui a notamment mené des équipes de cyclisme vers les sommets, en remportant notamment plusieurs tours de France avec Chris Froome. Il a contribué à populariser ce que l'on appelle les *marginal gains*. Ce concept consiste à affirmer que la somme de petites améliorations de performance (disons 1 %) dans chaque domaine entraîne des gains conséquents au global. Nous pensons que cela entraînerait dans une usine une dispersion incontrôlée des ressources. Alors oui pour profiter de certains gains faciles (via une analyse effort efficacité), oui pour donner aux équipes l'autonomie d'améliorer continuellement et par la technique des « petits pas » leurs performances, mais nous ne pensons pas que cela puisse être une stratégie d'usine, encore moins d'entreprise.

En guise de conclusion

Pour résumer, voici deux citations. Les chiffres sont aux analystes ce que les lampadaires sont aux ivrognes : ils fournissent bien plus un appui qu'un éclairage[1] et Taiichi Ohno[2] ne pense pas différemment : *« people who can't understand numbers are useless. The gemba where numbers are not visible is also bad. However, people who only look at the numbers are the worst of all »*[3].

---

1. Citation de Jean Dion.
2. Taiicho Ohno est considéré comme l'inventeur du TPS (*Toyota Production System*).
3. « Les personnes qui ne comprennent pas les chiffres ne sont d'aucune utilité. Le gemba dans lequel les chiffres ne sont pas visibles est également mauvais. Quoi qu'il en soit, les personnes qui ne regardent que les chiffres sont les pires de toutes. »

LE REPORTING : UNE FAUSSE MAUVAISE IDÉE

En lien avec les KPI, une autre figure imposée, notamment si vous êtes DU au sein d'un « grand » groupe, le reporting est, en français, une « communication de données », ou plus simplement, une consolidation des principaux indicateurs sur une période donnée.

Il offre l'occasion d'une prise de recul permettant, selon ses destinataires, la transmission d'informations ciblées avec pour but l'analyse et la prise de décision.

Souvent mal jugé par les managers qui n'y voient que perte de temps, nous recommandons, même s'il n'est pas demandé, de l'instituer pour le DU et membres du codir, mais aussi pour les équipes. Pour que ces reportings ne soient pas perçus comme de la non-valeur ajoutée, voici cinq éléments à prendre en compte :

- ✓ **Standardisez-le :** non pas au sens d'avoir un format unique et homogène, mais de l'intégrer dans un processus (un standard donc) qui permet à chacun de savoir quelle donnée il doit collecter et diffuser.
- ✓ **Ayez en tête le message que vous voulez faire passer :** il doit être compréhensible par tous ceux à qui il est destiné. Rien de pire, en effet, qu'un jargon technique uniquement à la portée de ceux qui le pratiquent chaque jour.
- ✓ **Dans le même esprit, accompagnez vos données, tableaux, graphiques de commentaires** qui faciliteront la compréhension et l'analyse et renforceront le message que vous voulez faire passer. L'idéal est de combiner visuel et écrit.
- ✓ **Variez les plaisirs :** trouvez le bon compromis entre une forme connue, mais évolutive, pour conserver l'attention de votre audience.
- ✓ **Accompagnez vos reportings de communications orales** en y faisant intervenir des invités extérieurs à l'usine (directeur commercial, R&D, etc.) qui apporteront des éclairages nouveaux ou complémentaires et faites-en des moments d'échanges et de partage avec l'équipe.

LE SYNDROME DU FACTEUR

Il n'est pas rare que des entreprises, et donc des usines, soient peuplées de personnes qui ne font que prendre et convoyer de l'information, mettre en forme et formaliser des données, ou proposent une aide dont l'utilité échappe à tout le monde, tels des facteurs livrant des courriers que personne n'attend. Non seulement, elles n'apportent pas de valeur ajoutée, et donc ne contribuent pas à votre but, mais elles peuvent, en plus, faire perdre un temps précieux à l'ensemble des équipes. Un seul mot d'ordre : ne laissez dans les usines, ni même dans leur périphérie, perdurer et encore moins proliférer ces situations et positions.

Pour éradiquer les agissements de ces « marchands de non-valeur ajoutée », il faut déjà les identifier. Les rencontres individuelles que le DU fera à son arrivée donneront des premiers indices, mais c'est surtout sa participation et ses observations durant les différentes instances de management qui le mettront définitivement sur la voie de ces postes incongrus dans l'organisation.

LE FONCTIONNEMENT EN ÉTOILE

Autre fléau qui peut surgir et dégrader l'efficience des relations au sein d'une usine, le management en étoile consiste à tout centraliser en une seule et même personne (qui peut être le DU mais aussi un chef de service) en n'impliquant que très rarement l'ensemble du comité de direction dans les sujets du quotidien ou stratégiques.

Cette façon de procéder amène à séparer et cloisonner les discussions qui sont généralement toutes informelles (non planifiées, entre deux portes, voire dans les couloirs), à traiter les sujets en petits comités (jamais avec l'ensemble du codir), à ériger des silos. Tout cela conduisant à réduire au maximum les interactions entre les membres de l'équipe qui exécutent, mais ne décident de rien et qui n'ont pas de vue globale sur le pilotage de l'usine.

Les motivations de ces managers qui instaurent ce type de « désorganisation » sont multiples : asseoir leur pouvoir en maîtrisant, conservant, confisquant l'information ; se protéger du poids et de l'influence du collectif qui peut avoir des avis contraires, des opinions divergentes, etc.

L'important pour le DU est surtout de ne pas agir ainsi et de mettre fin à ce type de fonctionnement, s'il le constate à son arrivée. Pour cela, la méthode est éprouvée : appliquer rigoureusement et totalement le système de management décrit dans la partie suivante. Les équipes gagneront en implication, engagement et autonomie.

CHAPITRE 5

Qu'est-ce qu'une usine qui fonctionne bien ?

Les questions auxquelles répond ce chapitre

- Les indicateurs tangibles et intangibles
- S'il ne devait rester que trois indicateurs

SAVOIR-ÊTRE
SAVOIR-FAIRE
SAVOIRS

LES INDICATEURS TANGIBLES ET INTANGIBLES

La question posée par le titre de ce chapitre peut sembler subjective, mais elle est, dans tous les cas, essentielle tant il faut connaître le but recherché avant de vouloir l'atteindre.

Nous pourrions donner la définition suivante :

✓ **Dans une usine qui fonctionne bien,** les personnes viennent satisfaites et motivées :

- d'accomplir leur travail dont elles comprennent et connaissent le sens ;
- de contribuer à l'atteinte d'un but qui leur a été communiqué et sur lequel on les implique régulièrement dans ses évolutions.

✓ **C'est un lieu où règne une « culture sécurité »** interdépendante qui permet d'éviter les accidents.

✓ **Chaque individu donne le meilleur et travaille en équipe** pour satisfaire les clients en livrant des produits, services ou prestations conformes à leurs attentes.

✓ **C'est aussi une usine qui base sa croissance, respectueuse de l'environnement, et sa rentabilité sur le développement des compétences de son personnel,** l'amélioration continue de ses performances, la qualité de ses produits ainsi que sur ses innovations techniques, technologiques, organisationnelles et managériales.

Toutes ces caractéristiques sont difficilement mesurables et il faudra y associer des indicateurs tangibles dépendant du contexte, de l'organisation et du niveau de maturité de l'usine.

Sans être exhaustif, le tableau 5.1 rassemble quelques KPI correspondants aux objectifs intangibles cités plus haut.

Culture sécurité	Taux de fréquence d'accidents avec ou sans arrêt. Positionnement sur la courbe de Bradley.
Environnement	Consommation d'énergie. Consommation d'eau. Nombre de tonnes de CO_2 équivalents émises.
Satisfaction/engagement du personnel	Taux d'absentéisme. Ancienneté moyenne dans l'usine. % de personnes formées chaque année. Analyse des réponses aux enquêtes de satisfaction du personnel.
Satisfaction des clients	OTIF *(on time & in full)*[1]. *LeadTime vs* attente du marché.
Résultats opérationnels	Quantité produite. Productivité (variance main-d'œuvre *vs* standard). Taux de rebuts (variance *vs* standard).
Résultats financiers	Niveau de stocks et d'encours. Marge opérationnelle (EBIT ou EBITDA *vs* chiffre d'affaires).

Tableau 5.1 • KPI des objectifs intangibles

S'IL NE DEVAIT RESTER QUE TROIS INDICATEURS

En poussant le raisonnement à l'extrême, si l'on se réfère au livre qui a popularisé la théorie des contraintes[2], il n'en faudrait que trois dans une usine :

- ✓ le *throughput* (le volume produit) ;
- ✓ les dépenses de fonctionnement ;
- ✓ les stocks.

1. Pourcentage de produits livrés à l'heure et avec la quantité requise.
2. Eliyahu Goldratt, *Le But : un processus de progrès permanent*, Afnor, 2002.

Une usine en progrès verrait ses trois indicateurs aller dans le bon sens, c'est-à-dire une augmentation du volume produit accompagnée d'une diminution des dépenses et des stocks.

Vaste programme à partir duquel nous allons tenter désormais, de donner quelques leviers clés pour parvenir à cet « état idéal »[1] par la mise en pratique des savoirs.

1. Le Lean Management parle de « vrai Nord ».

CHAPITRE 6

Agir sur les différents domaines de performances

Les questions auxquelles répond ce chapitre

- Comment garantir la sécurité du personnel ?
- Comment préserver au mieux l'environnement ?
- Comment mettre en place les meilleures équipes et organisations possibles ?
- Comment livrer des produits de qualité en temps et en heure ?
- Comment obtenir la meilleure performance industrielle et financière ?

Avec ce chapitre, notre but est de permettre à un novice, un « non expert » qu'est au fond le DU, d'identifier rapidement comment il peut contribuer à faire progresser son usine sur chacun des domaines de performance.

COMMENT GARANTIR LA SÉCURITÉ DU PERSONNEL ?

Le DU intègre des environnements avec un historique d'événements sécurité. Partant du postulat que tout accident est évitable, sa responsabilité inclut de :

- ✓ **comprendre** ce qui amène ces situations à risque ;
- ✓ **identifier** les actions qui feront progresser l'usine et, fonction de sa maturité, de développer les stades d'une culture sécurité[1] ;
- ✓ **maintenir** une exigence de résultat en la matière sans fatalisme.

Aux principes de bases éthiques et réglementaires énoncés précédemment à propos de la sécurité, nous avons mentionné la méthode de DuPont de Nemours. La difficulté particulière de cette méthode réside dans le fait de l'appliquer pour tout le monde, à n'importe quel endroit de l'usine et constamment.

Il existe énormément d'ouvrages présentant cette méthode[2]. Nous n'allons donc pas la détailler, mais citer les 8 thèmes que nous préconisons fortement d'explorer et d'exploiter totalement, sans quoi, l'efficacité ne serait pas totalement au rendez-vous. Par ailleurs, le tableau 6.1 regroupe ces grands thèmes et les questionnements associés. Il peut servir à tout nouveau DU de grille d'audit.

---

1. En référence à la courbe de Bradley.

2. Nous recommandons celui de Jean-Pierre Mouton, intitulé *La sécurité en entreprise* (Dunod, 2010).

L'engagement des dirigeants/ politique sécurité	Y en a-t-il une ? Est-elle connue de tous ? Comment l'a-t-on communiquée ?
Des règles clairement établies connues et appliquées	Comment sont organisées les règles en matière de sécurité ? Quel système garantit qu'elles sont appliquées ? (Respect des contrôles techniques obligatoires, consignations électriques, port des EPI…)
Objectifs et plans d'actions	Comment être certain que l'analyse de risques couvre tous les dysfonctionnements possibles ? A-t-on d'autres plans d'actions sur la sécurité ? Comment sont-ils gérés ? Comment les objectifs sont-ils déployés ?
La formation du personnel	Comment sait-on si les formations sont suffisantes ? Y a-t-il un recyclage des formations ? Comment sait-on si une personne est apte à tenir son poste ? (Aspect indispensable pour l'inspection du travail en cas d'accident grave)
L'exploitation de l'expérience	Y a-t-il eu une analyse de tous les incidents sécurité ? Les analyses déterminent-elles les causes racines ? Les contre-mesures décidées sont-elles appliquées et pérennes ?
La communication	Comment ancre-t-on le message que tout accident du travail est évitable ? Que doit savoir le personnel ? Comment vérifie-t-on que les messages sont reçus, non déformés et mémorisés ? A-t-on une identité visuelle de la sécurité ?
Une organisation spécifique	Y a-t-il un copil (comité de pilotage) avec un mode de fonctionnement clairement défini ? Des personnes ont-elles été formées à l'analyse d'accident ? Y a-t-il une organisation chargée des règles et procédures ? La CSSCT est-elle impliquée de façon constructive ?
La motivation et la persévérance	Savez-vous combien de temps cela prendra de changer/obtenir la « culture sécurité » ? Comment les bons comportements sécurité sont-ils valorisés ?

Tableau 6.1 • 8 domaines pour assurer la sécurité sur le site

La plupart des grands groupes ont déjà une démarche en place plus ou moins inspirée de celle de DuPont. Le DU doit vérifier la cohérence et surtout la compréhension de celle-ci par les membres du codir et/ou du comité santé/sécurité. Sans cela, il s'agirait juste d'un exercice discipliné d'application d'outils, porté par un responsable HSE, dont les effets bénéfiques seraient amoindris.

La recette pour le zéro accident est connue ; sa mise en place nécessite rigueur, discipline, abnégation et exhaustivité. Cela requiert d'y appliquer une énergie d'actions constante sans déroger aux règles émises.

EXEMPLE DE RISQUE À ÉVITER : SE BASER UNIQUEMENT SUR LES DONNÉES À DISPOSITION PARTICULIÈREMENT DANS LE DOMAINE DE LA SÉCURITÉ

En effet, la façon de mesurer les taux de fréquence d'accidents peut non seulement énormément varier selon les usines, voire selon les pays ou les sites d'une même entreprise, mais, de plus, les niveaux de risques ne sont évidemment pas les mêmes d'un secteur d'activité à un autre.

Nous nous souvenons à ce propos de l'idée pertinente d'un directeur industriel dans la verrerie qui préconisait, plutôt que de ramener le nombre d'incidents à 1 million d'heures travaillées, de mesurer le nombre d'accidents par rapport au nombre de tâches dangereuses réalisées : subjectif, certainement, mais à creuser !

Nous recommandons donc dans un premier temps de bien cerner comment les accidents ont été comptabilisés, et ensuite de surtout considérer la valeur relative de ce KPI d'une année sur l'autre, plutôt que sa valeur absolue.

COMMENT PRÉSERVER AU MIEUX L'ENVIRONNEMENT ?

Que l'on souhaite mener une démarche conduisant à une certification ou non, pour minimiser l'impact d'une usine sur son milieu naturel, il faut déjà constituer une équipe[1], c'est-à-dire définir qui animera et fera partie d'un comité environnement.

Cette équipe procédera à une analyse de risques qui prendra en compte l'environnement de l'usine et l'évolution avérée ou probable de la législation. Elle sera enrichie de rencontres avec les interlocuteurs locaux (les fameux « *stakeholders* ») : mairie, inspecteur de la DREAL[2], voisinage (s'il y a déjà eu des plaintes)… et permettra l'identification des risques industriels majeurs, ainsi que la définition d'un plan à 3 ans (intégré dans la feuille de route du site et traduit dans la politique environnementale signée par le DU), à la fois ambitieux, mais surtout réaliste quant à son exécution.

Un aspect à ne pas négliger : ne jamais oublier les obligations législatives qui peuvent contraindre bien plus que par des amendes. Si une équipe de direction ne répond pas correctement et dans les délais impartis aux mises en demeure[3], la DREAL pourrait prendre des mesures allant à l'encontre des objectifs de performances. Nous avons vu des usines forcées d'arrêter partiellement, voire totalement, leur activité. Lorsque vous vous retrouvez à la tête d'une usine dans ces situations, difficile d'atteindre vos objectifs annuels !

La consommation d'énergie du site industriel et son plan de réduction associé devront constituer un des piliers de la démarche. En effet, au moment où nous écrivons ce livre, l'inflation, liée entre autres au conflit russo-ukrainien, a ramené, en plus d'une

1. Ce qui ne se traduit pas nécessairement par l'ajout de ressources.

2. Direction régionale de l'environnement, de l'aménagement et du logement.

3. L'idéal étant bien sûr d'avoir une démarche proactive et cela est évidemment valable pour tous les domaines.

problématique pré-existante et structurelle, l'énergie et son coût au cœur des préoccupations des entreprises. Traiter ce sujet clé ne s'improvise pas et nous recommandons le recrutement ou la formation d'un spécialiste qui pourra identifier et analyser les principales sources de consommation et proposer des mesures de maîtrise, voire de réduction. Parmi celles-ci, on peut citer classiquement les chasses aux fuites d'air comprimé, la récupération de chaleur fatale, le calorifugeage de canalisation d'eau surchauffée, le remplacement de néons par des éclairages LED… les possibilités sont quasi infinies et de nombreuses sociétés pourront aider les équipes internes dans les diagnostics et les mises en œuvre des solutions.

COMMENT METTRE EN PLACE LES MEILLEURES ÉQUIPES ET ORGANISATIONS POSSIBLES ?

La plupart du temps, le DU intègre des organisations avec des équipes déjà constituées, des personnes ayant fait leur preuve dans un contexte donné, d'autres pas encore. Il aura certainement une appréciation différente des personnes en présence en fonction des objectifs qu'il ambitionnera pour le site dont il aura la responsabilité.

Nous l'avons précisé, sa responsabilité sera de décider s'il dispose des *« right persons in the bus »* pour paraphraser J. Collins.

Nous souhaitons simplement souligner ici l'importance d'avoir un processus de gestion et de planification (quantitatif et qualitatif) des ressources. Nous avons connu des situations de crise faute d'avoir correctement planifié cette gestion et anticipé l'acquisition des savoir-faire associés. Nous encourageons donc tout DU arrivant dans un nouveau site à effectuer ce diagnostic et à engager rapidement les actions nécessaires, même si la temporalité n'est pas la même entre prise de décision et obtention du résultat (notamment en matière RH).

Plan de succession et mapping de compétences

En termes de méthodes, deux outils significatifs aident à la décision sur un pas de temps à moyen-long terme.

Le plan de succession : prévoir la composition d'une équipe à 3-5 ans

Non seulement, celui-ci donnera une vision exhaustive et réelle de la situation et des risques à anticiper, mais forcera de plus à évaluer les forces en présence, à identifier les besoins de progrès individuels, de changements, de recrutements de potentiels et de formation. Il s'agit de définir qui peut prendre la place de Monsieur X dès à présent (en remplacement ou de façon permanente) / dans 3 ans / dans 5 ans.

Les forces en présence s'évaluent sur la base d'outils d'analyse largement répandus tels que les « box » ou grilles de viviers (figure 6.1).

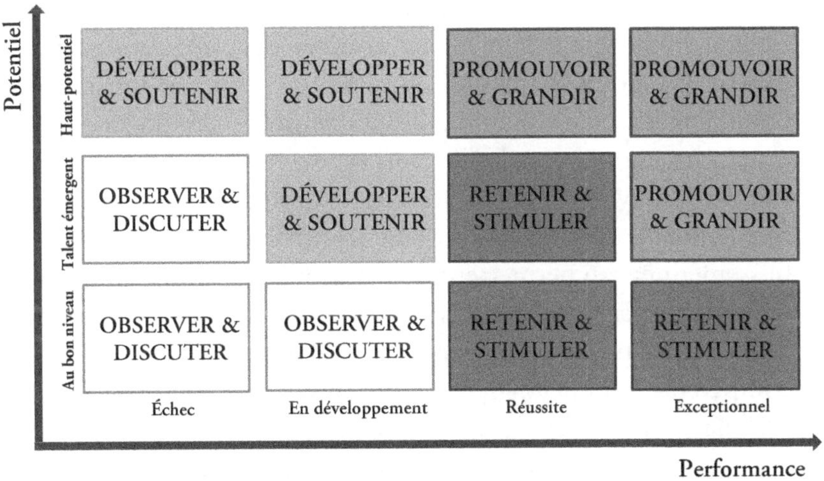

Figure 6.1. • Une grille de 12 viviers rassemble les indications de performance et de potentiel pour chaque collaborateur.

1. **Évaluation de la performance** via une échelle de 4 points (échec, en développement, réussite, exceptionnel).
2. **Évaluation du potentiel** via une échelle à trois points (au bon niveau, talent émergent, haut potentiel).

La réflexion sur ces positionnements engendre des plans d'actions pour faire progresser ses équipes. Toutefois, ce potentiel de progrès[1] suppose une volonté de s'améliorer de la part des personnes concernées. La motivation à apprendre, à sortir de sa zone de confort, à acquérir de nouvelles compétences ne se décrète, ni ne s'impose. Pour mettre en œuvre ce principe, il sera nécessaire de le promouvoir. Le jeu des « balles de tennis », les vidéos montrant l'évolution des temps d'arrêt au stand en Formule 1 peuvent aider à mettre votre garde rapprochée dans les bonnes dispositions mentales et à faire en sorte que les personnes que l'on souhaite voir progresser utilisent tout leur potentiel.

L'implication des collaborateurs que l'on veut faire progresser (au sens de les rendre responsables) est un élément indispensable au progrès. Utiliser les standards et donc l'intelligence collective pour permettre à quiconque de réaliser des tâches élémentaires seront des éléments déterminants.

Le mapping des compétences clés ou critiques d'un site

Entretenir le savoir-faire et les compétences requises pour les différents métiers permet à l'usine de (continuer à) fonctionner. Connaître en quantité et qualité les compétences du site amène à prendre conscience de l'importance d'investir dans la formation et de favoriser une culture de l'apprentissage. Il s'agit par conséquent de définir les compétences clés que doit détenir l'établissement et qui permettent de contribuer à l'atteinte des objectifs. Ce sujet se transforme en mastodonte quand il est abordé de façon exhaustive. Notre propos est d'identifier quelle absence de compétence bloquerait l'usine, soit par une acquisition longue, soit parce qu'exercée par une seule personne, soit parce qu'on ne la trouve nulle part ailleurs sur le marché du travail ou dans le groupe. Il faut alors se concentrer sur ces compétences uniquement en identifiant :

✓ les effectifs formés ;

1. Cf. « Les bons principes du DU ».

✓ les potentiels ou actions alternatives possibles avec son équipe : plan de développement des compétences, recrutement, formation, valorisation des métiers, outils de capitalisation des compétences, modification des process, suppression de tâches, modification de l'organisation du travail, etc.

Souvent les RH ne jouent qu'un rôle d'arbitre (faire respecter les règles), de conseil, de bureau des plaintes (« mon chef est nul, mes collègues aussi, ils ne voient pas mon potentiel et mes capacités ! »)... tout cela fait certainement partie du job comme on dit, mais les choses se passent mieux lorsque le DU impulse la possibilité de recentrer son RH sur ce qui constitue une réelle valeur ajoutée pour l'usine : la gestion des emplois et des parcours professionnels (GEPP).

Organiser les ressources temporaires

Lorsque l'on s'occupe de la gestion de la composition des équipes, il faut garder à l'esprit que la ressource temporaire participe au bon fonctionnement de l'usine, comme nous l'avons abordé dans les fondamentaux du domaine RH. Par conséquent, cette ressource et le processus d'accompagnement associé sont tout aussi importants que pour tout salarié sous contrat permanent.

Population par nature plus fluctuante dès lors que le processus n'est pas clair et structuré, elle peut, par son manque d'expérience, être davantage sujette à l'accidentologie et moins engagée dans le sens du résultat (performance-qualité). Ceci nous amène donc aux bonnes pratiques en lien avec ce process.

Optimiser les besoins temporaires

Un écart qualité significatif peut générer le recours à une ressource pour réaliser des contrôles supplémentaires. Il faut donc toujours avoir à l'esprit que la maîtrise de la performance des process qualité et techniques entraîne un impact direct sur l'optimisation de la ressource temporaire dans une logique de maîtrise des coûts.

Assurer un dispositif de formation/intégration des nouvelles recrues quel que soit leur statut

Nous avons constaté trop souvent que les temps consacrés à la formation des nouveaux entrants ne suffisent pas ou ne s'avèrent pas pertinents et mènent ainsi à une inefficacité de la personne formée (écarts sécurité-qualité-performance), voire à une rotation trop importante des nouveaux entrants. Nous avons aussi mesuré des effets négatifs sur la performance directe et sur l'engagement du personnel permanent. En effet, à trop devoir transmettre son savoir à des personnes qui ne restent pas dans l'usine, la frustration et la lassitude peuvent s'installer. Le DU doit s'attacher à responsabiliser son équipe RH et/ou le responsable production sur l'exigence vis-à-vis des partenaires de recrutement et le mode de suivi/d'évaluation des intérimaires.

Identifier l'organisation facilitant l'intégration de ressources temporaires

Le sujet en lien avec la standardisation de l'organisation du travail facilite la compréhension du « qui doit faire quoi » et par conséquent l'intégration de ressources temporaires. La réflexion mène aussi à « réserver » des missions à faibles valeurs ajoutées et faibles investissements en formation aux ressources temporaires permettant ainsi de limiter la perte de performance.

La réflexion sur la valeur ajoutée des rôles de l'organisation doit permettre de se questionner sur des postes d'entrée moins exposés à la maîtrise de la compétence.

Mettre en place un dispositif de planification des absences et des besoins de production pour anticiper les besoins temporaires qui peuvent l'être

C'est une évidence, il ne faut pas être absents tous en même temps. Et pourtant, combien de sites disposent de règles claires et appliquées de gestion des absences et compétences minimales requises par poste ? Nous recommandons au DU de centrer son diagnostic des premiers jours sur les modalités de gestion des absences à la fois pour répondre à des enjeux de performance, de droit (tout le monde doit pouvoir prendre ses congés) et de satisfaction au travail[1].

Connaître la flexibilité en termes de durée du travail pour ses équipes : une aide à la décision pour répondre aux besoins de capacité de production

Par principe, répondre à la demande client consiste à ajuster son organisation et à disposer d'une flexibilité suffisante pour satisfaire cette demande. Il est par conséquent essentiel de savoir activer du travail de week-end, réduire la voilure si besoin, alterner les périodes hautes et basses d'une activité tout en intégrant les périodes des absences ou de saisonnalité, etc. Le DU doit connaître ces éléments même s'ils sont gérés directement par le RH.

COMMENT LIVRER DES PRODUITS DE QUALITÉ EN TEMPS ET EN HEURE ?

Nous avons présenté l'intérêt pour le client, et donc pour l'usine, de livrer à l'heure des produits de qualité. Commençons par ce qui nous paraît nécessaire concernant les délais :

1. **Valider la réalisation effective du processus supply chain** décrit précédemment. Pour cela, participer régulièrement à certaines instances[2].
2. **S'assurer qu'un lien fluide existe entre la supply chain et la production,** ainsi qu'entre la supply chain et le commercial. Par lien fluide, nous n'entendons pas un consensus mou où chacun craindrait d'exprimer des points de vue différents,

1. Si un sujet relève bien de la satisfaction, c'est celui des congés, qui est tout aussi important que la paie.

2. Ce qui revient à aller sur le terrain, cf. la partie dédiée aux caractéristiques incontournables.

mais un challenge permanent, constructif et éthique entre ces différentes fonctions.

3. **S'assurer de l'orientation client des équipes.** Chacun doit avoir en tête un ordre de priorités clair qui est le suivant : sécurité > service > productivité… même si le DU essaiera en permanence de concilier tous ces aspects.
4. **Ne pas se laisser tenter par le chant des sirènes des « vendeurs d'outils ».** Les systèmes d'information ont leur importance et leurs bénéfices, mais ne remplaceront jamais les fondamentaux d'un processus tel que celui présenté dans la partie consacrée aux Savoirs.
5. **Se méfier du double piège de la fonction stock :** d'abord, un peu comme les RH ou la qualité qui ne doivent pas prendre à leur compte tous les sujets liés au personnel ou à la qualité des produits, la fonction supply chain ne doit pas être la seule à manager les stocks. Leur suivi et leur comptage doivent impliquer de très près la production et le contrôle de gestion. Ensuite, le comptage ne doit pas être une finalité. Il n'y a aucune valeur ajoutée à connaître l'état de ces stocks en temps réel, à moins de ne paramétrer son planning qu'en fonction des niveaux de stocks, mais, comme nous l'avons vu avec les flux tirés, il y a beaucoup mieux à faire pour ceux qui souhaitent évoluer en ligue des champions[1].

Concernant la qualité des produits fabriqués et livrés, il faut définir les moyens humains, organisationnels et matériels nécessaires.

Afin de définir les rôles des personnes en charge de la qualité, leur nombre et leur répartition, la détermination préalable des contrôles qui doivent être réalisés selon les produits fabriqués et les clients ciblés est clé. Cela passe par l'établissement de plans de contrôle, eux-mêmes issus d'une étude précise du besoin que le client a exprimé. Il peut y avoir plusieurs cas de figure : produits/

1. Eh oui, encore une métaphore footballistique.

prestations sur catalogue ou personnalisés qui impliqueront nécessairement des processus de validation formalisés.

Ensuite, et parce que penser qu'il n'y aura jamais de réclamations clients serait, au moins dans un premier temps, illusoire, il faut établir le processus qui permettra de répondre aux clients en cas d'insatisfaction, s'il n'existe pas déjà.

Les moyens humains qui découlent de ces processus s'articulent ensuite autour d'un responsable qualité, indispensable dès qu'un site dépasse une certaine taille (disons plus de 100 personnes), ainsi que des producteurs ou du personnel dédié qui effectuent les plans de contrôle et certains niveaux d'actions en lien avec l'organisation qualité. Le tout étant de définir et de répartir pour chaque étape des processus qualité (plan de contrôle, traitement des réclamations) les ressources en charge de l'action.

Cette description peut paraître très simplifiée[1], voire très basique, par rapport à tout ce que l'on peut produire comme documents, procédures ou même applications dans un monde désormais digitalisé, mais nous avons la conviction que c'est par la mise en place effective et l'animation de ces fondamentaux, associés à certains bons principes comme « ne pas transmettre de défauts », « faire bien du premier coup »[2] que cette fonction[3] constitue un des axes de valeur ajoutée, et certainement pas par l'accumulation de procédures, de certificats ou de la constitution d'une armée de contrôleurs.

Pour réaliser un travail de qualité, et ainsi satisfaire ses clients, il faut enfin réfléchir aux moyens matériels permettant de détecter les défauts susceptibles d'être fabriqués et que les clients ne souhaitent pas voir. Il convient aussi de veiller à mettre

1. Un DU doit d'ailleurs avoir parmi ses qualités celle de savoir rendre simples des sujets apparemment complexes, soit en les démystifiant, soit en les décomposant à la manière des problèmes de mathématiques à l'école.

2. Car il vaut toujours mieux faire de la qualité que la contrôler.

3. La création de la qualité est tout juste antérieure au début de la deuxième révolution industrielle, car elle n'existait pas vraiment avant la Seconde Guerre mondiale et les travaux de Deming.

à disposition des équipements et outils adaptés, mais aussi à les entretenir. Selon la taille du site, le DU doit s'assurer que le service maintenance, la métrologie ou les moyens généraux s'en chargent.

En complément, nous décidons d'associer le management du risque à la qualité (même si celui-ci est inhérent à la fonction du DU) car il est sans doute plus facile à illustrer, et donc à comprendre, pour cette dimension. En effet, puisque le risque zéro n'existe pas, un DU doit savoir le manager et, dans ce cadre, il intervient nécessairement, épaulé de son directeur/responsable qualité. Nous ne parlons pas d'envoyer sciemment un produit hors spécification à des clients, mais de décider des mesures à prendre selon les incidents détectés en interne ou en externe (chez le client). Celles-ci ne se trouvent pas dans un manuel et ne peuvent être décidées d'une façon binaire qui consisterait à tout rappeler ou à ne rien dire. Dans ces situations, le DU devra mobiliser une équipe de « spécialistes » qui, via les données, sur la base de leurs compétences techniques et leurs expériences, devront se positionner sur ce qu'il convient de faire pour préserver les intérêts de l'usine (impact économique et financier, réputation, service client, etc.). S'appuyant sur cette équipe pluridisciplinaire, le DU décidera des actions à mener, car il sera attendu sur cette prise de position en réponse au « que faisons-nous chef ? ».

Sans donner de cas précis, citons Toyota qui n'hésite pas à rappeler plusieurs millions de voitures, quitte à dégringoler dans les classements qualité des constructeurs automobiles, appliquant ainsi strictement un certain principe de précaution.

EXEMPLE

Nous avons également connu l'exemple d'une verrerie qui a dû rappeler des millions de bouteilles de champagne car il y avait un risque avéré pour la sécurité des consommateurs. À chaque fois, un ou des directeurs d'usine se sont retrouvés en première ligne pour décider ou au moins tirer le signal d'alarme, mais n'ont pas agi seuls et se sont conformés aux principes défendus par leur entreprise.

Ce management du risque, comme pour les autres actions induites par les processus qualité, montre qu'il ne revient surtout pas uniquement aux équipes estampillées qualité de mener des actions dites qualité. C'est, au contraire, un travail d'équipe relevant de l'implication de l'ensemble des services.

COMMENT OBTENIR LA MEILLEURE PERFORMANCE INDUSTRIELLE ET FINANCIÈRE ?

Nous adressons dans cette section des conseils aux DU et à leurs équipes pour la mise en place effective et pratique des éléments clés de la performance des sites.

Mise en place et animation des réunions de performance et agenda synchronisé

Étape 1 : les points de valeur ajoutée

Commencez par identifier ce que nous appelons les points de valeur ajoutée, à savoir les lieux où la mesure de la performance vous semble cruciale. Il peut s'agir d'un îlot de fabrication, d'une ligne, d'un atelier, etc.

Il faudra définir le nombre de strates de ces points de valeur ajoutée. S'il y a une réunion de performance par ligne et que l'usine en compte plusieurs, alors il en faudra aussi une qui traite des performances de l'ensemble de ce périmètre donnant ainsi la possibilité aux « équipes lignes » de remonter au niveau supérieur les problèmes qu'elles ne sont pas en mesure de résoudre[1] et ce, ainsi de suite jusqu'au niveau du codir de l'usine de façon à inscrire l'impact de cette équipe de direction dans l'activité quotidienne.

1. Notion de pyramide inversée sur laquelle nous reviendrons à la fin de cette section.

SAVOIR-ÊTRE
SAVOIR-FAIRE
SAVOIRS

Étape 2 : l'équipe, les bonnes fonctions

Vous devez constituer l'équipe[1] en charge de manager la performance aux points de valeur ajoutée. Elle sera animée par le ou la responsable des performances du secteur, en incluant les représentants de service supports[2] et les opérateurs.

Étape 3 : le lieu

Une fois l'équipe constituée, choisissez avec elle un lieu de rassemblement, où seront affichés les indicateurs, les problèmes et les actions. Celui-ci devra se situer au plus près de là où se crée la valeur ajoutée[3] en respectant deux règles : ne pas perturber les opérations et proposer un lieu propice aux échanges. Autrement dit, soyez attentif à ce que l'on puisse se parler et s'entendre.

Étape 4 : les KPI du point de VA et l'identification d'un problème

L'équipe devra ensuite plancher sur les indicateurs qu'elles souhaitent suivre et surtout influencer. Ceux-ci devront être spécifiques au point de VA, faciles d'accès, et les calcul et caractéristiques de la performance en lien avec les objectifs du site. Voici quelques exemples :

- ✓ nombre d'écarts constatés sur le port des EPI ;
- ✓ nombre d'écarts sur les règles de rangement et de propreté ;
- ✓ nombre de ruptures d'approvisionnement ;
- ✓ absentéisme du secteur concerné ;
- ✓ productivité, etc.

---

1. D'abord qui… ensuite quoi : *cf.* Jim Collins, *De la performance à l'excellence, devenir une entreprise leader*, Pearson 2024.

2. Cela sera peut-être l'occasion pour certaines usines de clarifier des rôles et responsabilités.

3. Ne mettez surtout pas ce lieu de « point de performance » à l'abri des regards comme nous avons pu le voir dans certaines usines.

Bien entendu, ces indicateurs seront associés à des objectifs SMART[1].

Juste à côté des KPI, il faudra installer un tableau sur lequel seront notés les problèmes du jour (ou de la période définie qui peut aussi être la durée d'une équipe postée) avec une colonne pour la date à laquelle on écrit le problème, une pour l'énoncé du problème et une pour les initiales de la personne à qui on décide de confier l'analyse du problème.

Le nombre de colonnes est ainsi fixe (3) et le nombre de lignes doit également l'être. En effet, chaque ligne accueillant un problème, il faut en définir un nombre maximal (disons entre 3 et 5). Nous partons du principe qu'il y a un nombre infini de problèmes dans une usine et, par extension, dans un point de valeur ajoutée. Partant du constat qu'en face, toute usine ou toute équipe de VA a un nombre limité de ressources, les deux seules choses que l'équipe peut et doit faire c'est de choisir et prioriser les « bons » problèmes. Un « bon » problème étant celui qui impacte fortement la performance et que l'équipe est en mesure (a les moyens, les capacités, les compétences) de résoudre.

Ces problèmes doivent non seulement être identifiés, mais aussi correctement exprimés. Pour cela, il faut les énoncer sous forme d'écart par rapport à une situation nominale. Bannissez le terme « problème » de l'énoncé car il empêche de décrire réellement et précisément la situation. Voici quelques exemples :

- ✓ **Au lieu de** « problème d'approvisionnement des vis », écrivez « rupture d'approvisionnement des vis de référence x sur la ligne y ».
- ✓ **À la place de** « problème sur la machine 1435 », notez plutôt « blocage ce matin à 10h12 sur le barillet de la machine 1435 entraînant un arrêt de production de 35 min. ».
- ✓ **N'écrivez pas** « problème d'absentéisme », mais plutôt « manque 2 opérateurs ce matin dans l'équipe B ».

1. Spécifique, mesurable, atteignable, réaliste, temporel.

Étape 5 : le filtre du standard[1]

Une fois les problèmes sélectionnés et énoncés, imposez[2] l'utilisation, dans les 24 heures, de ce qu'il convient d'appeler le filtre du standard. Cet outil consiste à poser les questions simples suivantes (figure 6.2) :

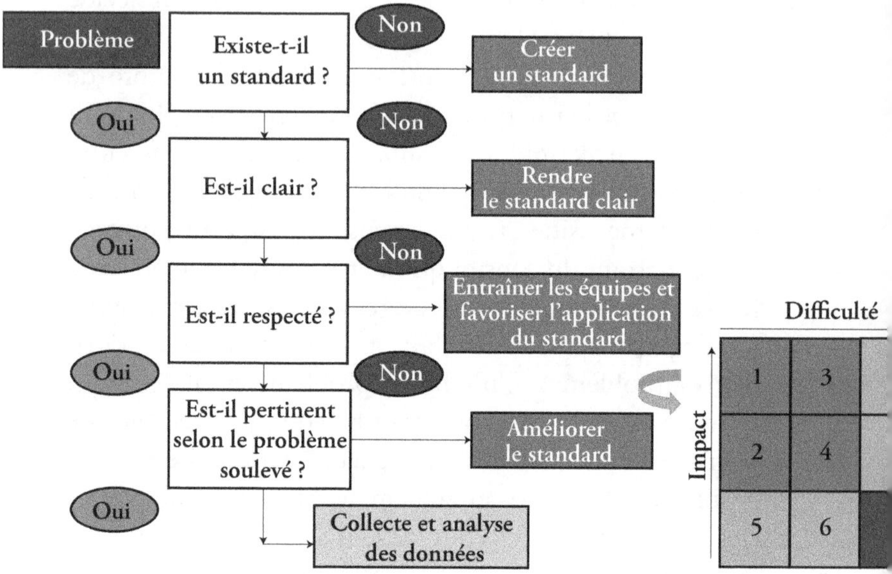

Figure 6.2 • Filtre ou check-list de standard

Si un standard doit être modifié, il faut continuer à se poser les bonnes questions en utilisant par exemple la méthode des « 5 pourquoi » pour déterminer les causes racines du problème. On oublie malheureusement après l'enfance de (se) demander la raison de tels ou tels faits, de telles ou telles réactions, passant ainsi à côté d'explications que l'on n'imaginait pas forcément.

1. Autrement appelé « check-list de standard ».
2. Sachant que ce terme tyrannique sera bientôt banni, nous l'employons à dessein.

Étape 6 : le bon rythme et les actions

Choisir une durée de 24 heures permet de donner du rythme. Si vous avez bien sélectionné vos problèmes, il est nécessaire d'activer le plus rapidement possible des ressources pour en analyser les causes, et ainsi pouvoir y apporter des contre-mesures immédiates. Cette durée correspond généralement au laps de temps entre deux réunions de performance, mais celui-ci peut être réduit à 8 heures si vous voulez augmenter la fréquence et avoir des points de management de la performance pour chaque équipe postée, par exemple.

Que ressort-il de ce processus ? Les actions qui en découleront correspondent simplement aux réponses aux questions du filtre du standard. En effet, nul besoin de réinventer la roue, l'expérience montre qu'au moins 90 % des problèmes peuvent être résolus via un simple filtre du standard.

Cycle, articulation et animation des réunions de performance

Ce processus conduit donc à mener en chaque point de VA une réunion de performance avec les fonctions en capacité d'agir. Il induit aussi une inversion de la pyramide[1] : les « chefs » se mettant au service de leurs équipes soit pour les aider à résoudre les problèmes sous leur champ de responsabilité, soit pour résoudre des problèmes que les équipes ne peuvent légitimement pas prendre à leur charge, et permettre aux managers de se focaliser sur les problèmes du terrain (figure 6.3).

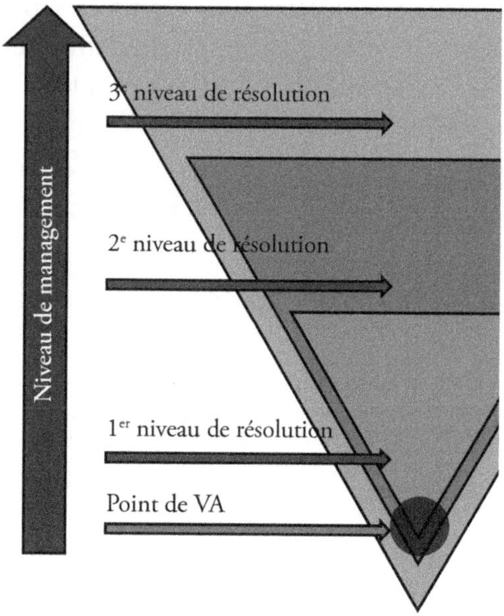

Figure 6.3. • Pyramide inversée, management en support aux opérations

1. Ce concept est aussi nommé « *servant leadership* ».

Cet enchaînement de réunions doit avoir un timing précis et donc s'intégrer dans l'agenda synchronisé[1] de l'usine (figure 6.4). Cet outil permet de :

✓ **optimiser le temps de chaque membre de l'équipe et de chaque fonction** (on sait qui doit être où et pour combien de temps) ;

✓ **éviter le management en étoile ;**

✓ **favoriser les interactions et le travail en équipe** de manière organisée.

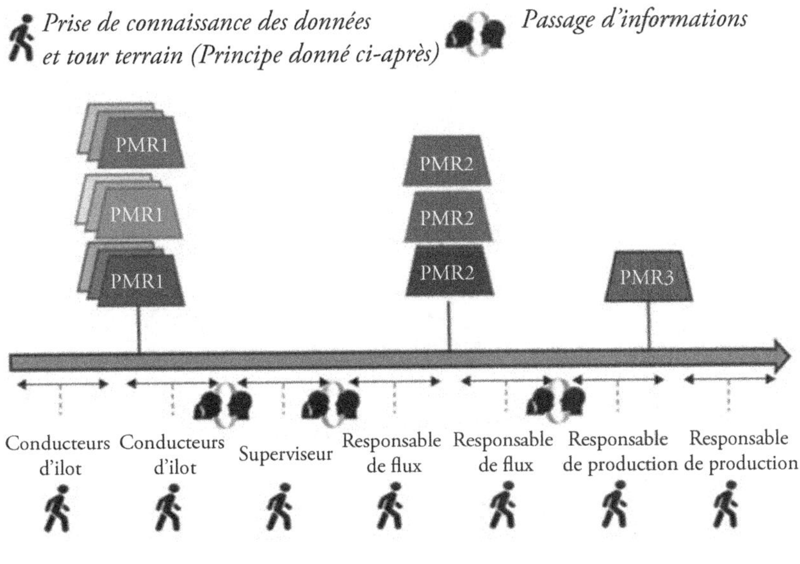

Figure 6.4. • Exemple de *leader standard work* ou agenda synchronisé

1. *Leader standard work* en anglais.

Un dernier point nous paraît important à préciser, même s'il peut, pour certains, sembler couler de source. Toutes les analyses et réalisations des actions nécessitent des observations et une présence terrain. Il serait en effet impensable d'élaborer des solutions en salle de réunion sans les confronter aux réalités du terrain. Ceci est parfois très ancré dans certaines usines et totalement absent de l'ADN d'autres. Le DU doit montrer l'exemple et garantir que ses équipes maximisent leur temps sur le terrain. Pour cela, l'utilisation du diagramme de Nemoto nous paraît être un bon guide (figure 6.5).

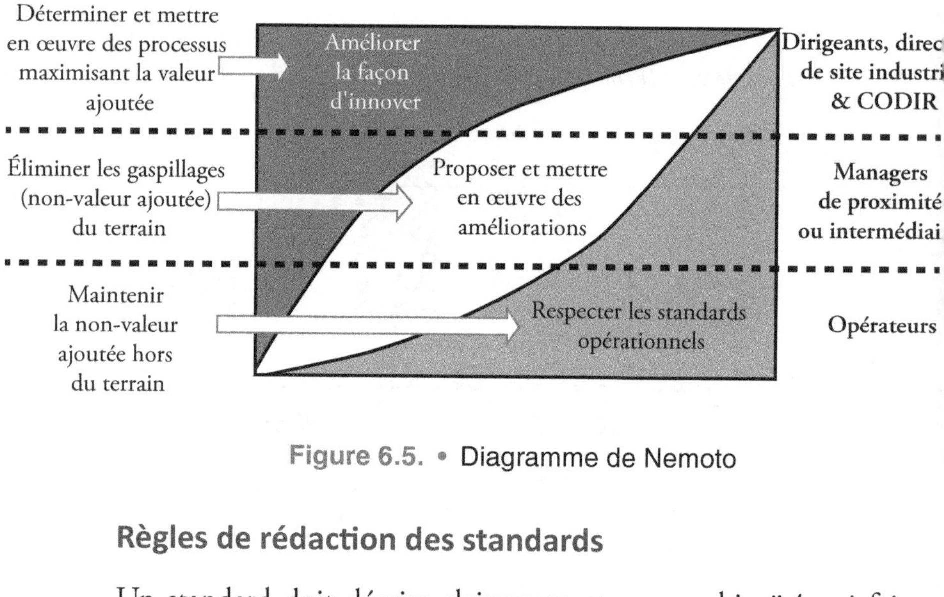

Figure 6.5. • Diagramme de Nemoto

Règles de rédaction des standards

Un standard doit décrire clairement et sans ambiguïté qui fait quoi et pour quoi. Pour arriver à ce résultat, il faut suivre différentes étapes regroupées dans un bon processus que nous présentons au DU et à son équipe.

1. **Sélectionnez un problème**[1]**.** Créez si besoin un standard en fonction du verdict du filtre du standard en suivant les différentes phases du DMAICS[2].
2. **Normalement, le problème est déjà défini** si vous l'avez correctement noté sur le tableau de la réunion de performance.
3. **Assurez-vous ensuite que vous avez un moyen de mesurer (M) très clairement et objectivement :** le problème devrait disparaître avec l'application de votre nouveau standard.
4. **Vient alors le temps de l'analyse des causes** (A) qui vous évitera de vous orienter trop rapidement vers une solution immédiatement disponible, mais qui ne résoudrait pas totalement le problème.
5. **Il faut ensuite mettre en place (I) et tester (C).**

C'est seulement lorsque vous aurez déroulé l'ensemble de ces phases (cela n'a pas besoin d'être long, il faut juste que ce soit fait jusqu'au bout, pas à pas et dans le bon ordre) que vous aboutirez à un standard utile pour les équipes et clé pour la performance.

Ajoutons une dernière recommandation : impliquez, non pas ceux qui savent ou disent ou pensent savoir, mais ceux qui font. Pour créer les standards, il convient d'impliquer les opérateurs et pas (uniquement) les ingénieurs méthodes.

Se posera inévitablement la question de la gestion de ces standards. C'est le moment où les qualiticiens zélés férus d'outils digitaux vous proposeront tout un tas d'applications. Notre expérience nous donne à penser qu'une bonne base de données Excel est suffisante.

Il faut surtout se concentrer sur la compréhension, l'adhésion des équipes et l'utilisation qu'elles en feront. Les standards doivent donc être disponibles informatiquement (ce qui évite de gérer des

1. Nous avons vu des entreprises qui se lançaient à corps perdu dans une création et un déploiement tous azimuts ! Ce n'est pas ce que nous préconisons, car cela conduirait à une perte de sens et à un épuisement des équipes et des ressources.

2. Définir, mesurer, analyser, implémenter, standardiser.

versions papier toujours obsolètes) au poste de travail. Les chefs d'équipe et opérateurs ont besoin de s'y référer en permanence et doivent y avoir accès le plus simplement et rapidement possible.

Ce travail sur les standards peut paraître superflu, long, rébarbatif, administratif dans beaucoup d'entreprises « conventionnelles ». Pour les autres, réellement impliquées dans un processus d'amélioration continue, la question ne se posera pas et elles n'en seront que plus performantes.

Rôle du DU dans la définition de la politique de maintenance et d'investissements

En plus de la force de persuasion du DU, citons deux moyens de vaincre les réticences que pourrait avoir la direction générale à accorder les moyens nécessaires pour maintenir les équipements dans leur « forme optimale » :

✓ Qu'on l'appelle stratégie industrielle, plan de progrès, etc., tout plan à long terme élaboré avec les équipes et dans lequel on voit un lien et un chemin clairs permettant d'atteindre les objectifs fixés par la DG sera d'une grande aide pour convaincre les décideurs d'accorder à court terme les moyens de mettre en œuvre la politique maintenance définie.

✓ Le fait de basculer des coûts d'OPEX en CAPEX peut aussi aider à persuader les moins convaincus de l'efficacité des dépenses de maintenance. Attention, il ne s'agit pas d'enfreindre les règles comptables, mais d'analyser finement les possibilités offertes via les diverses interprétations des dépenses d'entretien, de remplacement ou d'amélioration.

EXEMPLE

Une entreprise du secteur de la plasturgie n'entretenait plus ses moules d'injection car cela augmentait considérablement ses dépenses de fonctionnement. Une analyse fine et concertée avec les financiers a permis de basculer certaines dépenses en investissements et de relancer ces remises à niveau primordiales.

Si le DU réussit cette mission de définir une politique maintenance pertinente, d'obtenir les moyens de la mettre en œuvre et de garantir la discipline nécessaire à son exécution, il aura non seulement réduit une source de variabilité importante offrant plus de productivité, mais aussi augmenté l'engagement des équipes toujours très attachées à la préservation de leur outil de production.

Concernant les investissements, le DU, généralement issu d'une formation d'ingénieur, peut être tenté (surtout si l'entreprise est en croissance et dispose de trésorerie) de multiplier les projets ambitieux et innovants pour assouvir sa soif de technique. C'est l'un des pièges à éviter, car il faut au contraire sélectionner les sujets en lien avec la feuille de route.

Une fois la sélection interne nécessaire opérée[1], le DU doit s'impliquer dans la préparation et la construction des argumentaires à l'aide de faits et de données, selon un format généralement imposé, pour convaincre les dirigeants d'accorder les financements nécessaires.

C'est à ce stade que nous préconisons de définir une équipe projet[2]. Celle-ci devra être composée du futur pilote de cet investissement (celui qui aura en charge de le mener à bien), du contrôleur de gestion (qui validera les calculs de rentabilités, retours sur investissements et amortissements) et de toute autre personne qui pourrait contribuer à enrichir/valider l'argumentaire (le RH pour les potentiels impacts sur l'organisation du travail, le climat social ; le responsable supply chain qui se fera le porte-parole du commerce s'il faut justifier des besoins d'augmentation de capacité ; les achats ; etc.).

Le DU ne devra pas nécessairement s'impliquer directement dans la collecte et la mise en forme de données, mais devra s'assurer :

✓ **de la justesse des informations servant de base à la demande du CAPEX,** car c'est lui pour finir qui sera responsable[3] du retour sur investissement ;

1. Nous décrirons plus loin le processus menant à la feuille de route de l'usine.
2. Pour être tout à fait précis, il s'agit plutôt d'une équipe avant-projet.
3. Nos homologues anglo-saxons utilisent le terme accountable.

✓ **que les choix techniques et technologiques** sont sûrs et éprouvés[1].

Une fois le CAPEX approuvé, il n'y a pas de temps à perdre. Les opérations nécessaires à sa mise en œuvre doivent être immédiatement lancées sous peine de retarder les impacts positifs de l'investissement pris en compte dans les budgets ou autres prévisionnels[2] de résultats.

À ce moment, l'équipe projet doit être prête, c'est-à-dire déjà constituée. En ayant anticipé via un fonctionnement en mode avant-projet, l'ossature ne demande qu'à être complétée.

Les différentes phases d'exécution du projet peuvent et doivent alors s'enclencher. Nous ne présenterons pas une méthodologie de gestion de projet mais insisterons sur trois points :

✓ **Ce n'est pas parce que le nouvel équipement est installé ou la machine modifiée, que le projet est terminé.** Il est important de s'assurer que le niveau de prestation est celui souhaité avant de réceptionner comptablement.

✓ **Challenger régulièrement l'avancement du projet est nécessaire.** Cela évitera bien des surprises liées à des plannings optimistes ou faits avec naïveté, c'est-à-dire en faisant une confiance aveugle aux fournisseurs et sous-traitants.

✓ **Croire que les clauses de pénalités de retard prémunissent de quoi que ce soit est illusoire.** Elles sont généralement limitées ou peu, voire pas, appliquées. L'enjeu est davantage de faire comprendre aux partenaires externes les enjeux de l'investissement et les nouvelles perspectives à saisir pour eux (si elles sont réelles, bien sûr).

Soulignons un dernier élément clé : les CAPEX n'impactent pas les charges autant que leur montant la première année, mais

---

1. Cf. la section sur l'amélioration continue portant sur les 14 principes de management de Toyota.

2. Les « forecasts » financiers.

ne sont pas gratuits pour autant. Il faut en effet tenir compte de l'impact des amortissements sur votre compte de résultat[1]. C'est bien évidemment un paramètre à garder en tête dès l'établissement de la demande de CAPEX de façon à l'intégrer dans vos budgets et comptes de résultat prévisionnels et plans long terme.

L'amélioration continue par le DU

Nous reprenons ici les 14 principes de management de Toyota et donnons aux DU des moyens d'appropriation et de déploiement efficaces au sein de leur organisation (ou redirigeons vers certaines autres parties de ce livre).

- ✓ **Principe 1 : basez vos décisions sur une philosophie long terme.** Ceci rejoint la nécessité d'établir un plan industriel long terme, lui-même fonction de votre but (encore faut-il qu'il soit clairement défini) et d'y inscrire l'ensemble de vos actions, faute de quoi vous vous disperserez, voire dilapiderez, vos ressources à force de rechercher des optimisations locales ou des gains marginaux[2].
- ✓ **Principe 2 : organisez les processus selon un flux pièce à pièce pour mettre à jour les problèmes.**[3]
- ✓ **Principe 3 : utilisez les systèmes tirés pour éviter la surproduction.**[3]
- ✓ **Principe 4 : lissez la production (*heijunka*).**[3]
- ✓ **Principe 5 : créez une culture immédiate de résolution des problèmes qualité.** Le système de management de la performance proposé précédemment permet la résolution

1. Les investissements étant des actifs immobilisés qui perdent de la valeur. Ils sont donc « amortis » par une correction de leur valeur réelle dans les résultats financiers.

2. Chapitres 4 et 9.

3. Les flux laminaires, continus et tirés sont évoqués dans la partie supply chain. Le flux pièce à pièce ou *one piece flow* en est l'étape ultime.

efficiente[1] de tous types de problèmes et donc, par extension, des problèmes qualité. À cela, il faut associer le bon paradigme qui consiste à tout mettre en œuvre pour faire « bon du premier coup »[2].

- ✓ **Principe 6 : la standardisation des tâches est le fondement de l'amélioration continue et de la responsabilisation des employés.**
- ✓ **Principe 7 : utilisez le contrôle visuel afin qu'aucun problème ne soit caché.** Nous pourrions dédier un chapitre entier au management visuel. Disons simplement à ce stade qu'il apporte transparence et réactivité. En effet, comme toutes les personnes qui se donnent la peine d'aller sur le terrain peuvent immédiatement (en temps réel) voir les écarts, alors, les personnes en charge de ces tâches s'appliqueront encore davantage à les faire correctement.
- ✓ **Principe 8 : utilisez uniquement des technologies fiables, longuement éprouvées.**
- ✓ **Principe 9 : formez des responsables qui connaissent parfaitement le travail.** Nous ne sommes pas certains que ce principe soit encore réaliste de nos jours, en tout cas dans l'industrie française qui n'a pas su gérer son renouvellement d'effectifs et anticiper les départs, d'où le besoin de standardisation et de leadership de l'encadrement intermédiaire. Nous sommes donc convaincus qu'il est effectivement nécessaire pour les chefs d'équipe de maîtriser totalement le travail de chaque membre de son équipe, mais pas forcément pour les autres fonctions, même si nous nous en inspirons pour le parcours proposé qui mène à la fonction de DU.
- ✓ **Principe 10 : formez des individus et des équipes exceptionnels.** Nous préférons parler de potentiel de progrès : toute

1. L'efficacité est le rapport entre les résultats obtenus et les objectifs fixés. Elle mesure donc votre fiabilité. L'efficience est le rapport entre les résultats obtenus et les moyens employés. Elle mesure donc votre productivité.

2. Chapitre 9.

personne ou organisation peut progresser, c'est juste une question de temps et d'énergie !

- ✓ **Principe 11 : respectez votre réseau de partenaires et de fournisseurs**. Challenger les fournisseurs est une nécessité évidente, mais si le DU les associe dès le début des projets de sorte qu'ils deviennent de vrais partenaires, le potentiel d'amélioration sera décuplé.
- ✓ **Principe 12 : allez sur le terrain pour bien comprendre la situation**. Nous abordons déjà l'importance de la présence terrain dans les parties RH et système de management. Nous conseillons fortement au DU et à ses équipes de direction souhaitant promouvoir et rendre effective l'amélioration continue de maximiser leur temps sur le terrain[1].
- ✓ **Principe 13 : décidez en prenant le temps nécessaire**. Dans un monde où tout va de plus en plus vite (du moins en apparence), où les équivalences entre-temps et argent sont un peu trop évidentes pour être toujours vraies, il faut savoir prendre le temps de la réflexion. Bien sûr, le temps de réaction ne peut être infini. La question pertinente à se poser est « de quels délais dispose-t-on avant que le problème ne s'aggrave, que les conséquences empirent ou que le profil de risque se modifie ? »[2]
- ✓ **Principe 14 : devenez une entreprise apprenante grâce à la réflexion systématique et à l'amélioration continue**. Ce principe encourage à saisir chaque opportunité de progresser via les réunions de performance qui, non seulement visent à l'amélioration de vos différents indicateurs, mais qui peuvent et doivent aussi contribuer au développement des équipes.

S'appliquer ces principes à soi-même et les inculquer à ses équipes constituent certainement la meilleure façon de déployer

1. Nous y reviendrons plus en détail dans la partie dédiée aux outils et spécifiquement à la gestion du temps.
2. *Cf.* Jim Collins, *Le choix de l'excellence* (Pearson, 2024).

une démarche d'amélioration continue, mais cela ne se fera pas en un jour et demandera une discipline rigoureuse. Le DU devra en être à la fois l'inspirateur et le garant.

Pour aider à mettre en place cette fameuse amélioration continue ou ces principes, nous proposons en parallèle les 5 actions suivantes :

- ✓ **Impliquer le maximum de personnes dans la définition du plan de progrès ou plan industriel de l'usine.** Cela induit tout de même une certaine sélectivité, mais, selon la taille de l'usine, une vingtaine de personnes impliquées nous semble être une bonne proportion.
- ✓ **Communiquer largement sur ce plan.** Pour cela, organisez des sessions en petits groupes sur le lieu de travail des équipes.
- ✓ **Former le maximum de personnes aux outils et méthodes d'amélioration continue.** *A minima* et pour débuter, citons les 5S et la résolution de problèmes. Cette formation ne doit pas être un cours magistral en salle, mais doit se faire sur le terrain avec des cas pratiques et bien réels.
- ✓ **Impliquer le maximum de personnes dans les groupes de travail prévus dans votre plan.** Cela servira de formation, d'adhésion au plan (vous démultiplierez ainsi le nombre d'ambassadeurs du plan de l'usine) et assurera que les ressources travaillent sur les priorités définies.
- ✓ **Donner les moyens aux équipes qui font partie des réunions de performance de résoudre elles-mêmes les problèmes** qu'elles auront sélectionnés.

Le DU peut se faire aider d'un spécialiste de l'amélioration continue[1] et n'oubliera pas que l'amélioration continue devra rayonner sur l'ensemble des domaines de performance.

1. Aussi appelée CI, *continuous improvement*.

Comment tirer le meilleur parti de l'automatisation et de la digitalisation ?

Il ne s'agit pas d'automatiser et de digitaliser à tout va : il faut garder en tête que l'homme est la ressource la plus flexible et la plus adaptable. Il faut donc automatiser les tâches à faible valeur ajoutée qui ne peuvent être supprimées, et surtout ne pas se focaliser sur l'optimisation de la non-valeur ajoutée.

Il en va de même pour la digitalisation. En premier lieu, il faut s'assurer que les connexions que l'on veut établir, les informations que l'on veut convoyer et mettre à disposition, contribuent à la valeur ajoutée. Pour cela, nous préconisons d'analyser le processus manuel, de le décortiquer en points de VA élémentaires (sans cela, automatiser un point de VA peut s'avérer coûteux, inefficace, voire inutile), de le rendre le plus flexible possible pour pouvoir l'adapter en fonction de l'évolution de l'activité à défaut de pouvoir supprimer les composantes de NVA[1]. Cela se réfère au 8e principe du modèle Toyota, « utilisez des technologies fiables, longuement éprouvées », « qui servent vos collaborateurs et vos processus ».

En ce qui concerne le choix des technologies, elles sont multiples et nous n'allons pas dresser un inventaire à la Prévert. Ne retenez qu'une chose, elles doivent être spécifiques. Cela suppose donc si possible[2] d'éviter les solutions génériques, pourtant mises en avant à grand renfort de marketing et de communication. Nous savons tous que les ERP renommés sont coûteux, peu adaptables, fortement demandeurs de ressources, longs et compliqués à mettre en place. Nous préférerons toujours les solutions sur mesure, évolutives, simples à installer et faciles à appréhender pour les équipes. Dans cet ordre d'idée et pour l'automatisation, les cobots ont fait leur preuve.

1. Non-valeur ajoutée.
2. Cela ne l'est pas toujours dans les grands groupes industriels.

Enfin, les calculs de ROI (retour sur investissements) et de NPV (*net present value*) doivent être manipulés avec des pincettes, car ils sont souvent influencés par les optimisations locales.

Aller vers l'excellence avec les flux tirés

Le sujet de la définition de la politique des stocks (quels articles, en quelle quantité, etc.) est abordé de manière extrêmement différente d'une usine à l'autre. Entre les « ayatollahs du zéro stock » et les ultras conservateurs qui mettent des montagnes de stocks partout, il y a une constante qui va à l'encontre des idées reçues : plus il y a de stocks, plus il y a de ruptures. Il existe cependant un chemin qui récompensera, s'ils l'empruntent, les plus audacieux et tenaces. Ce chemin consiste à passer des flux poussés à des flux tirés. Notre intention n'est pas de détailler ce que sont les flux tirés et comment on y parvient, mais de donner les principales étapes du processus qui vous y mèneront.

1. **Établir une « matrice » produits/process/machines qui vous servira à déterminer les actions à mener pour rendre les flux les plus laminaires possibles.** Ceux qui engendreront le moins de non-valeur ajoutée (en réduction du nombre de changements de fabrication, réduction du nombre d'étapes de fabrication, des déplacements…). Cette étude peut servir de base à celle menant à vos propositions d'investissements.
2. **Déterminer, pour chaque ligne de flux, le meilleur enchaînement de produits possible,** c'est-à-dire l'ordre des fabrications permettant d'avoir les changements de série les plus « indolores ».
3. **Sur une période donnée, fixer un rythme constant de production pour l'ensemble des équipements d'une même ligne de flux.** Ce *takt time*[1], qui correspond au besoin moyen du marché sur cette période, permet de synchroniser les

1. Il s'obtient par la formule suivante : temps disponible/nombre d'unités voulues.

équipements entre eux et ainsi de réduire les stocks, temps d'écoulement et manutentions associées.

4. **Ce *takt time* sur une période donnée impose non seulement un lissage de la production, mais aussi des stocks tampons** (supermarchés) permettant d'absorber les variabilités de la demande et de la production. La détermination des supermarchés dans cette optique de flux tirés conditionne la politique de stocks.

Établir et tenir un budget

Dans toutes les entreprises ou presque, un budget est établi annuellement[1], qui est une prévision des résultats financiers. En effet, prévoir permet de connaître en permanence, d'anticiper les niveaux de trésorerie et ainsi de garantir la pérennité de l'usine.

Pour établir ces prévisions, le DU et son équipe de direction[2] doivent partir d'hypothèses pour la nouvelle période à venir (généralement l'année) et des résultats de l'année en cours sur le point de s'achever. Ces hypothèses concernent les volumes par typologie de produits ou de familles produits, les coûts de la matière première, des composants, de la main-d'œuvre, de la sous-traitance et doivent permettre de calculer les coûts de production. Autrement dit, les dépenses de fonctionnement et les variations de stocks pour la future année sont deux éléments essentiels sous la responsabilité du DU et contributifs du résultat brut d'exploitation (EBITDA en anglais).

Évidemment, ces données de sortie doivent être déterminées et calculées sur la base des performances de la période écoulée, des

1. Notons que cet exercice (on parle souvent d'exercice budgétaire) est souvent complété par des actualisations de prévisions financières chaque trimestre, voire chaque mois.

2. Cette précision peut être importante pour certains : un budget qui servira de base à la définition des objectifs annuels et de la feuille de route associée se construit en équipe. Le faire ainsi est une vraie opportunité pour responsabiliser son codir car il devra se mobiliser pour le tenir ensuite.

progrès que l'on peut légitimement viser (d'où l'intérêt du plan industriel pluriannuel) et des indicateurs physiques de production (TRS, productivité, taux de rebuts, etc.).

Il n'est pas rare de devoir refaire plusieurs fois l'exercice avec de nombreux allers-retours entre la finance, les commerciaux, la direction générale pour finalement aboutir à un résultat qui satisfera les décideurs (CEO/PDG, actionnaires, etc.). Tout au long de cette phase, le DU devra faire preuve d'une grande habileté pour ne pas accepter d'objectifs arbitraires et ne pas en donner non plus.

Une fois les données du budget figées, il faudra enfin les convertir en objectifs tangibles et parlants pour les équipes. Prenons un exemple : avoir une masse salariale de 21,2 millions d'euros au global pour l'usine ne parlera pas au chef d'équipe de nuit du secteur extrusion. En revanche, produire 80 pièces par heure sur la machine goulot avec un effectif moyen de 12 personnes lui permettra de savoir ce que l'on attend de lui sur une période donnée.

Faire en sorte de produire au meilleur coût qui n'est pas nécessairement le plus bas

Pour approfondir cette notion de produire au meilleur coût, reprenons tout d'abord quelques éléments fondamentaux en commençant par le prix de vente (PV) et le prix de revient. Il est évident que, dans le monde économique actuel, le PV n'est pas déterminé en fonction du prix de revient, mais du prix marché (même si nous avons connu des entreprises qui tentaient encore de déterminer des prix de vente en partant de leurs coûts de production). Les marges obtenues sont donc issues de l'équation suivante :

Marge = prix marché - prix de revient.

Plus les usines produiront à faible coût, plus les marges seront grandes. Le DU est donc encouragé à réduire les coûts de façon à accroître la compétitivité de l'entreprise et assurer ainsi sa pérennité, mais cela ne doit pas signifier les réduire à tout prix (ou « quoi qu'il en coûte » pour reprendre une célèbre expression du temps de Covid). En effet, la tentation peut être grande dans une vision « court termiste » d'abaisser le niveau de qualité, de réduire les dépenses de maintenance pour rogner sur les coûts fixes[1], de prendre des personnes sous-qualifiées ou de ne pas remplacer des compétences clés au point de mettre en péril à moyen terme les performances globales. Nous encourageons au contraire le DU à jouer un autre jeu, à mener des actions inscrites dans un plan industriel pour que celles-ci aient un impact visible, tangible et durable sur le P&L. C'est d'ailleurs aussi pour cela que l'appréciation du travail d'un DU doit se faire sur un cycle de plusieurs années et non sur une seule.

Un des moyens d'améliorer réellement et durablement le résultat financier est d'augmenter le niveau de productivité. Il y a plusieurs façons de procéder et de définir la productivité.

Commençons par ce que la productivité n'est pas ! La productivité ne peut être une optimisation locale sur une machine, voire un atelier, sans considérer son effet global. Elle est encore moins une augmentation de TRS dont les méthodes de calcul sont, par expérience, loin d'être standardisées et pertinentes dans tous les secteurs d'activité. La productivité correspond à une quantité produite par un nombre de personnes sur une période donnée. Les spécialistes des calculs de *savings* dont la préoccupation n'est pas forcément de les retrouver dans le P&L (nous y reviendrons dans le paragraphe suivant) vous expliqueront qu'il faut prendre en compte le mix produit et que, bien sûr, il faut augmenter les volumes (les quantités produites) pour maximiser la productivité, car cela a pour conséquence de réduire l'effet de la part fixe de la main-d'œuvre. Nous voyons deux risques majeurs à sophistiquer, pour ne pas dire travestir, le calcul de la productivité :

1. Coûts fixes et variables peuvent recouvrir différents types de coûts selon les entreprises. Disons pour faire simple que sans action volontariste, les coûts variables sont proportionnels au niveau d'activité contrairement aux coûts fixes.

- ✓ **Les formules deviendront moins parlantes** et moins directement accessibles au terrain.
- ✓ **Vous obtiendrez des *savings* que vous ne retrouverez pas dans le compte de résultat.** Nombreux sont ceux qui ont dû se retrouver dans l'inconfortable situation d'afficher des gains financiers spectaculaires dans un beau fichier Excel (ou pire dans un outil de reporting groupe) et de ne rien pouvoir montrer en termes d'augmentation de l'EBITDA. Il faut alors sortir le lot d'excuses classiques allant de la baisse des volumes ou à l'évocation du mix défavorable. Prenez le temps de regarder avec un peu de recul et de discernement les reportings financiers des entreprises « conventionnelles », ils en sont truffés.

Nous encourageons le DU à se placer à un autre niveau et à mener des actions générant des vrais *savings,* c'est-à-dire ceux qui permettront d'améliorer la rentabilité de l'entreprise et à mettre en place des flux continus, laminaires et tirés qui décorréleront, sur une période donnée, la productivité du mix et des volumes.

Alignement des *savings*

Nous l'avons évoqué précédemment, l'un des enjeux est non seulement de bien mesurer les *savings* engendrés par les actions de l'équipe, mais aussi, et surtout, de pouvoir les retrouver effectivement dans le résultat d'exploitation. Pour cela, plusieurs conditions sont à mettre en œuvre :

- ✓ **Un alignement préalable sur la façon de mesurer les gains.** Le contrôleur de gestion de l'usine et la direction financière doivent être impliqués au plus tôt dans les initiatives de gains.
- ✓ **Revoir la base de référence pour le calcul des gains si nécessaire.** Celle-ci peut être rendue obsolète en cas de changement de mode de production (une production en flux tirés peut dégrader le TRS localement en augmentant le nombre de changements de fabrication, mais améliorer la productivité globale par exemple).

✓ **Que tout le monde ait en tête que la somme des optimisations locales ne fait pas l'optimum global.** Il faut donc abandonner tous les indicateurs utilisés pour le calcul des gains « locaux ».

CHAPITRE 7

Accroître son impact grâce à des méthodes simples et éprouvées

Les questions auxquelles répond ce chapitre

- Durant la phase d'intégration
- La restitution de l'intégration
- Durant la phase de diagnostic
- La création de la feuille de route
- La gestion du changement et mobilisation d'un état d'esprit
- Gérer son temps au mieux
- La dimension terrain et les relations sociales
- Participer à la satisfaction du personnel par l'amélioration des conditions de travail

À ce stade, nous espérons avoir apporté un éclairage sur ce que sont le rôle du DU et ses implications, puis donné quelques clés du management de la performance qui devraient guider son action. Dans ce chapitre, nous nous adressons par endroits directement à vous, DU ou futur DU, à propos de ce que vous pourrez mettre en pratique dans certaines situations ou phases clés que vous rencontrerez inévitablement.

DURANT LA PHASE D'INTÉGRATION

Il existe beaucoup de littérature sur le sujet[1]. Nous ne pensons pas qu'il existe, ni ne proposerons, de recette miracle ou unique. Nous souhaitons détailler ici quelques éléments essentiels durant cette phase.

D'abord et avant tout, la phase d'intégration se prépare. Nous recommandons fortement de ne pas improviser cette période. Au contraire, avant votre arrivée :

- ✓ **identifiez les différentes étapes de votre intégration ;**
- ✓ **alignez-vous avec votre hiérarchi**e sur les durées associées ;
- ✓ **déterminez les personnes et fonctions** que vous souhaitez rencontrer, dans quel ordre et sous quelle forme.

Le premier jour

En collaboration bien sûr avec ceux qui vont vous accueillir, planifiez précisément ce que vous souhaitez faire et voir durant votre première journée. Au cours de celle-ci, vous n'apprendrez pas forcément grand-chose, mais vous serez scruté par l'ensemble des personnes de l'usine. Comme on n'a pas l'occasion de faire deux fois une bonne première impression, faites en sorte de marquer les esprits dès votre entrée en scène.

1. Citons, notamment : André Burtscher, *Les premiers 100 jours du cadre dirigeant*, Weka, 2011.

Pour cela, voici un ordre et un type de rencontres qui nous semblent cohérents et impactants :

- ✓ **Réservez vos premiers mots au comité de direction de l'usine,** votre future garde rapprochée. Cette première rencontre n'a pas vocation à être très longue. Commencez par dire à quel point vous êtes heureux d'être en ce lieu avec eux (car vous l'avez normalement choisi), puis présentez-vous succinctement avec déjà quelques marqueurs forts que vous déclinerez plus en détail par la suite (faites simple, si possible pimentez d'un trait d'humour pour installer un style direct et décontracté). Ce *pitch* de vous-même doit être préparé. En effet, son but est de servir vos interlocuteurs (donnez-leur quelques indications sur votre façon de voir les choses, de fonctionner et sur le déroulement prévisionnel de votre intégration), plutôt que de vous mettre en valeur. L'humilité est l'une des meilleures armes pour réussir son intégration. Laissez ensuite la parole à chaque membre de l'équipe pour une présentation individuelle. N'hésitez pas à prendre la direction des opérations. Même si vous n'êtes pas encore tout à fait chez vous, vous le serez bientôt et vous montrerez ainsi aux équipes qu'il y a déjà un capitaine à bord.
- ✓ **Rencontrez ensuite les représentants du personnel.** En effet, quel que soit le contexte social de l'usine, il est important par respect pour eux et ceux qui les ont élus, de rencontrer cette délégation du personnel. Là aussi, faites simple et court avec juste des présentations et quelques grandes lignes sur votre vision des choses et votre façon de fonctionner.
- ✓ **Vient ensuite le moment d'un premier tour terrain.** Durant ce premier tour de piste, saluez évidemment tous ceux que vous croiserez et, surtout, observez. Non seulement vous prendrez vos premières informations, très utiles pour la suite, mais en plus, rien ne vous empêche d'intervenir dès vos premiers pas dans l'atelier si un fait ou une situation retient particulièrement votre attention, comme décrit dans l'exemple suivant.

EXEMPLE : RAMASSAGE MANUEL DE BOUTEILLES AU FORMAT SPÉCIAL CHEZ UN VERRIER

Lors de mon premier passage dans l'usine, j'ai vu de nombreuses personnes qui manutentionnaient ce que l'on appelle des flasques. Alors que les autres formats de bouteilles étaient palettisés automatiquement, pour celles-ci, il fallait une petite armée d'opérateurs qui les attrapaient sur les brins de contrôle situés à hauteur de hanches et les positionnaient sur une palette posée à même le sol. Les mauvaises conditions ergonomiques ont évidemment attiré mon attention. J'ai donc observé de plus près la situation et demandé si on ne pouvait pas trouver un transpalette électrique qui permettrait de positionner la palette à hauteur du brin.

Cette action prit quelques jours (il a fallu louer un transpalette électrique adapté), mais c'est le premier sujet dont les représentants m'ont parlé lors du CE[1] suivant. J'avais ainsi marqué des points et diminué dans le même temps un risque de TMS ou d'accident du travail, sans tomber, je l'espère, dans la démagogie.

Les rencontres individuelles

Les objectifs de ces entretiens sont multiples :

- ✓ **Connaître les personnes avec qui vous allez étroitement travailler** (grâce aux documents que vous auront fournis au préalable par les RH : CV, derniers entretiens de performance, entretiens professionnels, parcours au sein de l'entreprise, etc.).
- ✓ **Savoir en quoi consiste leur fonction** (derrière des titres génériques peuvent se cacher des particularités, des spécificités).
- ✓ **Connaître davantage le fonctionnement de leur service.**
- ✓ **Avoir leur point de vue sur l'usine,** ses forces et ses faiblesses.
- ✓ **Rassurer les plus anxieux face au changement** que représente l'arrivée d'un nouveau DU.
- ✓ **Commencer aussi, par vos questions, à faire prendre conscience de l'écart** entre la situation existante et un fonctionnement cible que vous allez mettre en place.

1. Prédécesseur du CSE.

Nous recommandons de préparer une grille d'entretien avec les différentes questions que vous allez poser à chacune des personnes rencontrées. L'échange ne se bornera évidemment pas à un jeu de questions/réponses, mais cette trame standardisée vous sera utile pour votre diagnostic et sa restitution.

Voici un exemple de questions pouvant guider ce type de rencontres en plus des questions spécifiques sur les métiers et le fonctionnement de service :

✓ Qu'aimez-vous faire ?
✓ Que savez-vous faire ?
✓ Qu'auriez-vous pu mieux faire ?
✓ Que souhaitez-vous faire à l'avenir ?
✓ Quels sont, selon vous, les sujets clés pour le service, l'usine ?
✓ Quelles sont les principales difficultés actuellement rencontrées ?
✓ Quelles sont les forces et faiblesses du service, de l'usine ?
✓ Comment contribuez-vous à l'atteinte des objectifs de l'usine ?[1]
✓ Que pouvez-vous apporter au DU ?
✓ Qu'est-ce que le DU peut vous apporter ?

Tout cela, bien sûr, sans faire aucune promesse

Les rencontres terrain

Ces rencontres ne doivent pas concerner uniquement les ateliers mais les « terrains » de toutes vos équipes. Les rencontres avec les opérateurs feront l'objet de discussions informelles qui vous permettront d'en savoir plus sur l'ambiance, les conditions de travail, les préoccupations, les liens avec le management de proximité. Ce doit être aussi l'occasion d'identifier les forces en présence, de repérer des potentiels et de détecter quelques

1. S'assurer de disposer des indications nécessaires à la suppression dans vos équipes du syndrome du facteur (chapitre 4).

irritants du quotidien, simples à corriger, comme nous l'avons vu dans l'exemple précédent.

Pour les autres rencontres, qui auront lieu dans les bureaux, elles seront l'occasion de participer aux différentes réunions et donc de vous faire une idée du système de management en place.

Dans tous les cas, le maître mot est, encore et toujours, l'observation !

La nouvelle rencontre avec votre hiérarchie

À ce stade, vous n'avez pas encore terminé de ficeler vos plans d'actions, mais vous avez en tête un premier état des lieux et devez connaître les décisions à prendre rapidement. Il est utile, voire indispensable, de rencontrer à nouveau formellement votre hiérarchie pour savoir si vos visions des choses sont alignées. Deux cas de figure sont possibles :

- ✓ **Soit vos visions diffèrent** et cet entretien permettra d'éclaircir sur quels points et pourquoi. Ce cas de figure n'est pas forcément problématique à condition que ce soit vous qui preniez l'initiative de ce point d'alignement et que vous ressortiez de celui-ci avec un meilleur niveau de compréhension de vos divergences initiales.
- ✓ **Soit vous êtes totalement alignés** et votre crédit en sera renforcé.

Cette rencontre doit aussi servir à repréciser vos objectifs à court terme et vos marges de manœuvre que vous serez plus à même de comprendre après ces premiers jours dans l'usine et qui, souvent, ne sont pas exprimés de la même façon que durant le processus de recrutement.

LA RESTITUTION DE L'INTÉGRATION

Une fois la rencontre d'alignement avec votre hiérarchie passée, vous voilà prêt à restituer ce que vous avez vu et compris à l'ensemble du personnel. Il serait évidemment incorrect[1] de ne pas faire un retour à l'ensemble des équipes de l'usine. Elles vous auront d'une manière ou d'une autre consacré du temps et elles seront *a minima* curieuses, voire inquiètes, de votre perception.

Il ne faut donc pas rater cette occasion d'une large communication pour cette restitution. Elle doit être bien préparée et marquera le réel lancement de votre action.

Selon la taille de l'usine, vous pourrez organiser cela en petits groupes, même si vous répéterez toujours la même chose. Ce ne sera pas une perte de temps, mais un réel investissement qui facilitera ensuite l'acceptation d'un fonctionnement qui sera inévitablement (voire nécessairement) différent du précédent.

Chacun donnera son style dans cet exercice, mais voici quelques règles dont on a pu mesurer l'impact positif :

✓ **Soyez exhaustif :** n'oubliez aucun secteur que vous aurez visité.

✓ **Commencez par les points positifs.** L'idée n'est pas de flatter, mais de montrer que vous avez repéré les points forts de l'usine dont les équipes sont certainement fières.

✓ **Donnez aussi les points où les progrès vous paraissent nécessaires,** voire indispensables, même si vous ne pouvez pas encore donner un plan d'actions précis et détaillé qui, de toute façon, devra être élaboré avec l'équipe. Les quelques axes que vous pouvez livrer à ce stade donneront à l'équipe une première indication sur ce vers quoi vous allez les guider. Ils leur montreront aussi qu'il ne vous faut pas longtemps pour identifier des points d'amélioration.

1. Principe d'éthique !

SAVOIR-ÊTRE SAVOIR-FAIRE SAVOIRS

- ✓ **Énoncez quelques règles de fonctionnement.** Désormais, c'est vous le chef et il vous revient le droit et le devoir de définir comment vous souhaitez voir les équipes travailler et interagir entre elles.
- ✓ **À la fin de votre exposé,** vous pouvez bien sûr inviter aux réactions, mais cela doit rester court et sans polémique. Il sera temps de débattre des « plus » et des « moins » dans la phase de diagnostic.

Cette restitution est une phase clé de votre intégration. C'est un exercice périlleux car il faut à la fois affirmer votre vision avec conviction, tout en sachant qu'à ce stade vous n'aurez quasiment encore rien démontré et que les actes vaudront toujours plus que la parole. Dans tous les cas, elle clôture un premier jalon et, si elle est réussie, marquera positivement vos équipes.

DURANT LA PHASE DE DIAGNOSTIC

Vous avez déjà identifié des éléments durant la phase d'intégration, vous allez désormais pousser davantage votre analyse en impliquant l'équipe. Voyons à présent dans quel but réaliser un diagnostic et comment s'y prendre.

Le but du diagnostic

Le diagnostic vous conduira à définir une vision pour l'usine et une feuille de route pour l'atteindre, alors que l'on aurait tendance à penser que le diagnostic ne peut mener qu'à une analyse des causes des problèmes. Mais que sont des problèmes si on ne les met pas en face d'objectifs, eux-mêmes associés à une vision ?

Nous avons vu précédemment la nécessité de définir un but pour l'usine. Celui-ci ne doit pas provenir d'une vision fantaisiste, d'une lubie d'un directeur, d'une séance de brainstorming, ou, encore moins, de paradigmes fumeux de consultants. Il doit s'appuyer sur un diagnostic de la situation pour lequel nous proposons un processus.

Processus menant à ce diagnostic

Pour définir une vision, il vous faudra à la fois partir de l'existant, voire de l'analyse du passé, mais aussi imaginer un état idéal faisant abstraction des contraintes et limites de l'état actuel.

La VSM (*value stream mapping*), cartographie des flux de valeur, nous semble être le moyen adéquat. Elle consiste à découper les étapes de l'ensemble du processus de fabrication (de la prise de commandes à la livraison) en opérations élémentaires de 4 natures différentes :

✓ la transformation ;

✓ le transport ;

✓ le contrôle ;

✓ la stagnation et ainsi à déterminer le ratio VA/NVA.

Cela ne vous donnera rien d'autre : pas de « mise en flux » comme l'espèrent ou le pensent certains, mais c'est un formidable outil de prise de conscience. Vous verrez probablement que la NVA est prédominante dans votre processus et cela vous convaincra (vous et votre équipe) qu'il existe une meilleure façon de procéder. C'est à cet instant qu'il faudra s'éloigner des limites actuelles pour penser l'état idéal, celui qui permettrait d'éliminer quasiment toute non-valeur ajoutée : pas de stock et donc pas de stagnation, pas de transport ou alors automatisé, pas de contrôle car on produit bien du premier coup selon un process parfaitement maîtrisé. Bien sûr, cet état idéal ne sera certainement pas réaliste à un horizon de temps compatible avec le cycle du DU, mais c'est à partir de celui-ci que vous définirez l'état futur. Celui qui dépassera de loin ce que vous auriez pu imaginer avec des améliorations sur la base de l'existant, qui sera atteignable sur une période de 18 à 24 mois et qui vous permettra évidemment d'atteindre les objectifs (notamment budgétaires) fixés chaque année par la direction générale.

Une fois cette vision générale établie, lancez par petits groupes pluridisciplinaires la caractérisation de ce qu'elle impliquera pour chaque domaine de performance (santé, sécurité, service clients, productivité, etc.) en termes d'indicateurs chiffrés et de fonctionnements visés. Ce travail devra s'appuyer sur des données disponibles et/ou à collecter : KPI de l'année en cours ou précédente, objectifs chiffrés de la direction générale, benchmarks des autres usines du groupe, voire en dehors, mais dans le même type d'industrie, etc.

Le livrable devra être standardisé et donner les KPI cibles *vs* les KPI actuels pour chaque catégorie, ainsi que l'histoire associée. On entend par « histoire » la raison pour laquelle l'équipe souhaite atteindre ces cibles.

Enfin, une fois ce travail en sous-groupes achevé, organisez une séance collective de partage et d'alignement qui viendra clore cette phase de diagnostic.

LA CRÉATION DE LA FEUILLE DE ROUTE

À ce stade, vous commencez à connaître les équipes et l'environnement de travail. D'ailleurs, elles commencent aussi à vous connaître. Vous avez également établi avec elles un premier diagnostic et une vision qui répond *a minima* aux objectifs fixés par la direction générale.

Voyons désormais comment construire une feuille de route, dans la continuité du travail en sous-groupes décrit précédemment, qui montrera le chemin à suivre pour atteindre l'état futur désiré. Celui-ci sera semé d'embûches et d'imprévus qui vous conduiront à la réactualiser fréquemment, mais, au moins, vous saurez quel cap maintenir.

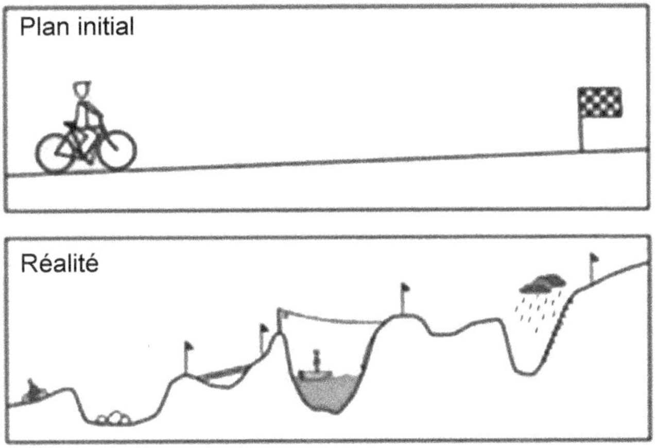

Figure 7.1. • L'écart classique entre plan et réalité opérationnelle

Pour cela, faites « phosphorer » vos équipes : chaque sous-groupe devra analyser les causes d'écarts entre la situation actuelle et la cible attendue. Plusieurs méthodes sont possibles, mais nous recommandons toujours la plus simple, à savoir les « 5 pourquoi ».

Comme il ne s'agit pas uniquement d'améliorer des indicateurs, mais aussi et surtout, le fonctionnement[1], vous pouvez vous référer aux principes de Toyota qui vous aideront à déterminer les conditions à rassembler, les décisions à prendre, les moyens à apporter, les actions à mettre en œuvre et dans quel ordre. En effet, il ne faut pas brûler les étapes et s'assurer de consolider certaines fondations avant de viser la mise en place immédiate du fonctionnement rêvé.

Une fois l'exercice terminé dans chaque sous-groupe, organisez une séance collective de partage, d'alignement, mais aussi de sélection et de priorisation. L'expérience montre, surtout lors des premières itérations, que les équipes veulent tout faire tout de suite. Ce n'est pas totalement négatif car cela montre leur foi en la cible et l'envie d'y parvenir le plus rapidement possible. Cependant, le DU doit ramener tout le monde à la raison et au principe

1. Le bon processus conduisant au bon résultat.

de réalité, qui consiste à se souvenir que les ressources liées à ces initiatives de transformation ne sont pas illimitées.

Cette session de travail en commun permettant d'aboutir à une feuille de route annuelle doit être un moment fort pour l'équipe. Elle doit permettre de constituer un référentiel commun : pas simplement une cible commune, mais aussi une façon de fonctionner en équipe.

Cet exercice de création de la feuille de route se répétera chaque année et pas seulement lors de votre arrivée en tant que DU. Il constituera un rituel de management pour votre équipe et facilitera leur concentration sur les actions impactantes tout au long de l'année.

Il doit aussi aboutir à un support physique, visuel qui sera communiqué à l'ensemble du personnel et qui servira de suivi à l'exécution. Ces deux éléments essentiels permettront à cette feuille de route de ne pas être qu'un exercice de style, un empilement de vœux pieux mis sous forme de Post-it comme on le voit trop souvent lors de certains séminaires et autres team-buildings pour managers.

Pour toutes ces raisons, rendez ce moment aussi festif et convivial que possible : il marquera d'autant plus un joli démarrage d'aventure avec vous en tant que DU.

LA GESTION DU CHANGEMENT ET LA MOBILISATION D'UN ÉTAT D'ESPRIT

Conformément à l'esprit de ce livre, nous n'allons pas dévoiler une recette sur la gestion du changement. Des spécialistes comme John Kotter l'ont brillamment théorisée et nous vous recommandons son livre *Alerte sur la banquise* (Pearson, 2018) qui décrit dans le détail les huit étapes clés pour un changement réussi :

1. créer un sentiment d'urgence ;
2. réunir l'équipe de pilotage ;

3. développer la vision et la stratégie du changement ;
4. communiquer pour faire comprendre et adhérer ;
5. donner aux autres le pouvoir d'agir ;
6. produire des victoires à court terme ;
7. persévérer ;
8. créer une nouvelle culture.

Nous souhaitons ici montrer comment un DU peut gérer au mieux le changement qu'il induit et qu'il amène dans son usine.

Il y a d'abord en effet, le changement qu'induit sa nomination. À moins d'être le parfait clone de son prédécesseur, un nouveau DU amène forcément des fonctionnements différents. La phase d'intégration décrite précédemment doit permettre de les aborder au mieux, c'est-à-dire qu'ils soient compris, acceptés, voire accueillis avec enthousiasme.

Nous mettrons ensuite dans une même catégorie deux types de changements voulus ou à mener par le DU : le changement global du fonctionnement de l'usine et les projets spécifiques de transformation. Dans ces deux cas, en plus des huit étapes citées précédemment, nous recommandons au DU de suivre le processus suivant :

1. **Identifier les personnes impactées.** Si vous effectuez cet exercice de façon poussée, vous vous apercevrez qu'elles sont beaucoup plus nombreuses que ce que vous pouviez initialement penser.
2. **Lister pour chacune de ces personnes, ou catégorie de personnes, les modifications pratiques et concrètes de leur quotidien :** pas de généralités, mais toutes les conséquences qu'elles pourraient avoir l'impression, réelle ou avérée, de subir.
3. **Devant l'ensemble de ces conséquences, déterminer les actions** qui viseront à faire comprendre la nécessité de ce changement et à l'accompagner. Celles-ci couvriront la

communication, l'organisation, la formation… des actions techniques aussi. Ne vous interdisez rien !

L'idéal est de conduire ce processus collectivement, sans, bien sûr, mettre en porte-à-faux les équipes concernées par les changements.

VISION	**+ INCITATION**	**+ COMPÉTENCES**	**+ RESSOURCES**	**+ PLAN D'ACTION**	**=**	**CHANGEMENT**
~~VISION~~	+ INCITATION	+ COMPÉTENCES	+ RESSOURCES	+ PLAN D'ACTION	=	CONFUSION
VISION	~~+ INCITATION~~	+ COMPÉTENCES	+ RESSOURCES	+ PLAN D'ACTION	=	LENTEURS
VISION	+ INCITATION	~~+ COMPÉTENCES~~	+ RESSOURCES	+ PLAN D'ACTION	=	ANXIÉTÉ
VISION	+ INCITATION	+ COMPÉTENCES	~~+ RESSOURCES~~	+ PLAN D'ACTION	=	FRUSTRATION
VISION	+ INCITATION	+ COMPÉTENCES	+ RESSOURCES	~~+ PLAN D'ACTION~~	=	FAUX DÉPART

Figure 7.2. • Équations du changement, une seule réussie

Par ailleurs, occuper la fonction de DU implique d'intégrer une culture d'entreprise et un collectif pré-existant. Qu'il soit issu d'une promotion interne, ou recruté en externe, il lui faudra s'adapter à un schéma d'interactions entre les membres de l'organisation, ce schéma étant construit sur la base de l'histoire du site, ses changements, ses périodes de crise et de réussite. Cette culture d'entreprise amène des façons de penser et des comportements parfois marqués dans un établissement. Nous avons intégré des sites où le sens de l'urgence était fort et se traduisait par la capacité à résoudre des problématiques dans un délai très court ; des sites où les modes de communication étaient très policés, ou, à l'inverse très directs, tout en s'inscrivant dans de bonnes relations ; des sites aussi où des comportements d'irrespect, de verbes hauts, d'attitudes négligentes ne pouvaient être acceptés.

Indépendamment des valeurs prônées par des posters en tous sens affichés dans les ateliers, l'état d'esprit d'un établissement peut être critiquable, voire inacceptable. Le rôle du DU est de participer à son changement en acceptant que ce processus social qu'est la culture de l'entreprise est en développement continu[1]… et évolue lentement.

Nous avons rencontré des cas de figure d'homophobie, de sexisme, de blagues potaches (encore moins bien perçues à l'heure *#MeToo*), de désinvolture, de négligence dans le sens du devoir au travail. L'état d'esprit, quel qu'il soit, peut-être tellement établi, qu'il laisse les personnes accepter ou adopter des comportements à bannir. Les premiers signaux identifiés doivent enjoindre le DU à mobiliser un bon état d'esprit.

Mobiliser l'équipe de management

L'état d'esprit d'un établissement peut évoluer en acceptant dans un premier temps d'inscrire cet objectif dans la durée, en filigrane de tout autre objectif plus « court-termiste » ou aux résultats directement mesurables par des données et éléments tangibles.

L'équipe de management est impérativement associée à cette prise de conscience de lignes à bouger en partageant les faits, comportements, attitudes ou situations inacceptables qui ont été rencontrés.

Cultiver les bons comportements

Agir sur l'état d'esprit requiert exigence, discipline et persévérance. Au-delà de colporter des pictogrammes des valeurs définies par l'entreprise, il faut amener les équipes vers des « bons » comportements par notre exemplarité et l'attention que nous portons aux interactions quotidiennes entre les personnes[2].

La consigne est posée simplement : s'opposer systématiquement à tout comportement inacceptable ou qui ne serait pas en lien avec ce que le DU souhaite véhiculer au sein de l'usine.

1. Maurice Thevenet, *La culture d'entreprise*, Que sais-je ?, 2023.

2. Pourrions-nous d'ailleurs parler de l'interruption de comportement comme il existe l'interruption de sécurité ?

EXEMPLE ÉGALITÉ HOMMES/FEMMES

Nous nous souvenons de cet échange dans l'atelier avec un ouvrier qui nous demande « pourquoi vous embauchez des femmes alors que nous avons besoin de régleur ? ». Il ne suffit pas d'afficher un bel index égalité homme/femme et un accord pour l'égalité sans agir au quotidien sur les comportements. Alors même que l'agenda était saturé, et que nous aurions juste pu laisser ces paroles flotter dans les airs, nous avons pris le temps d'échanger avec la personne sur le sens de son propos et de revenir sur la progression de tous, c'était en 2020... Trois ans plus tard, quatre femmes devenaient régleurs et cette même personne de mentionner que « les nouveaux régleurs bossaient bien ».

Le DU doit s'opposer à l'inacceptable, quel que soit l'agenda. Les attendus et écarts en matière de sécurité forcent aussi à agir. Rappelons le cas de cet intérimaire sans gants dans un environnement où la règle est fixée, rappelée, non discutable. Sa mission fut arrêtée sur le champ.

GÉRER SON TEMPS AU MIEUX

Si l'on part du principe qu'un DU se doit d'être l'un des premiers vecteurs de VA pour l'usine et qu'il est capable de le faire, alors mieux il saura organiser son temps, plus il maximisera la VA générée. Cette nécessaire efficacité aurait pu être une des caractéristiques du DU que nous partageons un peu plus loin, mais nous considérons que celle-ci peut largement se révéler, se travailler, se développer, contrairement à d'autres caractéristiques qui doivent déjà poindre intrinsèquement.

Nous n'énumérerons pas ici les lois du temps et leur gestion proposées, tant nous considérons que leur application dépend du contexte et surtout des personnalités de chacun. Nous souhaitons plutôt donner cinq règles applicables quels que soient l'usine et son directeur :

✓ **Utiliser pleinement l'agenda synchronisé.** Comme dit précédemment, cet outil permet d'optimiser le temps de chaque membre de l'équipe, de chaque fonction : on sait qui doit être où, quand et combien de temps. Le DU peut donc aussi pleinement en bénéficier car ses équipes ne le solliciteront pas, sauf urgence, en dehors de ces plages définies.

✓ **Comme il subsistera toujours des rencontres non planifiées, celles-ci devront être cadrées.** Pour cela, une bonne pratique consiste à demander à son interlocuteur ce qu'il attend de la discussion qu'il souhaite entamer. Est-ce pour donner une information, solliciter un avis, prendre une décision ? Si le collaborateur n'en a aucune idée, il faut l'inviter à y réfléchir avant de revenir avec ses questionnements. S'il a une idée précise de ce qu'il veut obtenir, il convient de déterminer avec lui si cela peut être abordé dans l'un des créneaux de l'agenda synchronisé. Avec ce type de filtre, à employer évidemment avec tact, non seulement les dérangements inutiles sont réduits, mais de plus, toutes les équipes gagnent en efficacité.

✓ **La recommandation précédente ne doit pas exclure les discussions informelles,** mais celles-ci devront être choisies[1] et devront apporter des informations qui permettront au DU de gagner du temps par ailleurs, notamment lors des séances avec les représentants du personnel.

✓ **De la même façon que le DU sera ferme avec ses équipes, il devra aussi l'être avec l'environnement extérieur.** Les personnes du groupe auquel appartient l'usine ne doivent pas passer outre l'agenda synchronisé ; les pouvoirs publics ont des droits mais ne peuvent vous imposer des délais perturbateurs et irréalistes[2] ; les associations et les fournisseurs qui peuvent solliciter le DU doivent être cadrés via la politique groupe, s'il y en a une, ou les règles que le DU aura décidées et auxquelles il ne dérogera pas.

1. *Vs* subies dans des pratiques du management en étoile.

2. Excepté les gestions de crise, comme suite à un accident de travail, par exemple.

En plus de ces règles, un outil rend chacune des réunions performantes. Il s'agit du TOP (thème, objectif et plan). Ainsi, les réunions seront standardisées et les bénéfices pour les équipes seront multiples. Il est en effet très appréciable, à l'heure où les études montrant la perte de temps engendrée par les réunions se multiplient, de savoir que l'on évolue dans une usine où l'on sait pourquoi on se réunit, combien de temps cela va durer et que la probabilité d'y obtenir l'objectif annoncé y est très élevée.

On ne devrait consacrer son temps qu'à des sujets pour lesquels le client est prêt à payer ou qui aident vos équipes. Ce n'est pas toujours possible, mais c'est un guide puissant.

LA DIMENSION TERRAIN ET LES RELATIONS SOCIALES

Souvent ramenées aux relations avec les instances représentatives du personnel (IRP), les relations sociales couvrent un champ bien plus large. Parce que créer une relation sociale est la somme de plusieurs interactions, le DU entretient le lien chaque fois que possible, et aussi souvent que possible, pour atteindre un niveau de relation permettant de faciliter la compréhension des objectifs à atteindre avec l'ensemble des parties prenantes. Il est évidemment en première ligne. Non seulement, il incarne *la* figure du dirigeant, celui qui représente la direction générale, mais, en plus, en matière d'IRP, il en est le président.

Contrairement à la sécurité' et même si la littérature sur ce sujet est abondante, nous ne croyons pas qu'il y ait de démarche structurée, miracle, et ce, pour plusieurs raisons :

- ✓ **Les relations dépendent d'un contexte,** d'une histoire, de personnalités.
- ✓ **La législation évolue** tellement en matière de dialogue social que toute démarche structurée deviendrait rapidement obsolète

Nous donnerons davantage des pistes de réflexion, de positionnement et d'attitudes à adopter sur différents canaux de communication entretenant les relations sociales. Charge au DU de trouver le bon équilibre de la part à consacrer à chacun.

Les relations avec les organisations syndicales

Même si les positions prises par les organisations syndicales ne reflètent pas toujours ce que pense ou revendique le corps social, c'est malgré tout principalement avec elles que vous allez devoir communiquer en tant que DU avec l'appui en premier lieu de votre RH, mais aussi des différents responsables de secteur, lors d'échanges informels indispensables à l'instauration de relations stables et constructives[1], ainsi que lors des instances obligatoires.

L'attitude à adopter avec les représentants du personnel peut énormément varier en fonction des interlocuteurs qui peuvent avoir eux-mêmes une attitude très variable, voire changeante. C'est là que les capacités d'adaptabilité du DU sont très utiles. Il faut sentir le comportement et le positionnement à adopter, mais dans tous les cas, avoir des positions claires, constantes, franches et affirmées.

Qu'en est-il de la relation formelle ? Comment se positionner dans les instances ritualisées que sont les CSE[2] ? L'animation des instances répond à un ordre du jour formel, des codes de langage propres à chaque établissement, des habitudes d'agencement de salle… un ensemble de rituels qui nous paraissent d'un autre âge dans un rapport au pouvoir et des postures entretenant un schéma d'opposition direction/salarié.

La pratique nous montre que, pour réussir dans l'animation des CSE, il est capital de se rappeler qu'il s'agit d'un point d'échange pour partager sur les orientations et enjeux d'un établissement, d'entendre le point de vue des salariés porté par leurs représentants, de capter les signaux qui permettront de

1. Ce que les Japonais nomment *nemawashi* : échanges informels qui permettent de préparer des décisions et peuvent servir dans bien des cas, notamment dans les relations sociales.

2. Comité social économique.

faire avancer une situation. À partir de cette définition, le DU aura comme objectif lors des CSE d'apporter de la compréhension quant aux situations et changements potentiels instaurés sur un site. Cela demande de se répéter, souvent. À plusieurs reprises, nous avons eu l'impression de saisir notre bâton de pèlerin pour reformuler, expliquer à nouveau des sujets structurants et de transformation, aborder les sujets du site avec transparence maîtrisée pour limiter les risques d'interprétation, entretenir en suivant les relations informelles pour expliquer à nouveau. Les qualités de persévérance et de pédagogie s'expriment alors pleinement dans cet exercice qui conduit à créer une relation de confiance.

La relation sociale formelle et informelle avec les organisations syndicales requiert aussi de la fermeté pour éviter les sollicitations permanentes et canaliser la relation qui, dans certains secteurs d'activité, peut vampiriser les autres canaux et appauvrir la vision du DU. Ce dernier doit savoir arrêter un débat qui dépasse les limites du rôle des instances, les bouts de négociation qui répondent à des intérêts individuels et éviter des « corners » dans lesquels il ne doit pas s'enferrer. Cela réclame du courage et l'affirmation de convictions et d'un sens éthique en toutes circonstances.

La nécessité de la présence terrain

Il est désormais admis qu'un DU doit être en contact direct avec ce que l'on nomme communément le terrain. Au-delà de l'impact que cela engendre sur la performance, sans présence régulière sur le terrain, impossible de comprendre et de bien connaître le métier des équipes, d'identifier les « points durs », d'obtenir une crédibilité technique et managériale, indispensable dans les périodes difficiles (baisse d'activité, des performances, transformations, etc.).

Plusieurs termes désignent l'intérêt d'aller et d'être sur le terrain. Les expressions chez nos voisins sont multiples (citons le japonais *genshi genbutsu* ou l'anglais *go and see,* même s'il faut rajouter un *and study*, pour s'assurer que ce ne soit pas que pour « faire du tourisme »), alors qu'en français, nous n'avons trouvé et entendu en usine que des « être dans l'atelier, sur le terrain ».

Nous sommes toujours étonnés d'entendre des DU dire qu'ils n'ont pas le temps d'assurer cette présence terrain. Cet argument nous paraît incompréhensible, tant nous pensons que cela fait partie intégrante du métier. Sans vouloir être péremptoire, un DU qui n'organiserait pas son agenda pour être suffisamment sur le terrain n'aurait non seulement pas compris ce qui est attendu de sa fonction, de ce qu'elle implique et représente, mais ne serait finalement pas réellement fait pour ce métier. En effet, qu'y a-t-il de plus intéressant, attractif, passionnant que d'être là où l'on produit la valeur ajoutée ? De plus, l'expérience nous a montré que le temps passé sur le terrain est très souvent du temps gagné pour d'autres tâches.

EXEMPLE : RELATIONS AVEC LE CORPS SOCIAL

Nous avons souvent vu des DU préparer longuement les CSE. L'intention est à la base louable car elle peut s'apparenter à une marque de sérieux et de respect envers les instances représentatives du personnel, mais quand cela prend une journée et consiste à demander à tous ceux qui sont réellement sur le terrain de préparer des réponses à des questions que le DU devrait connaître facilement par sa présence terrain, c'est un bel exemple de non-valeur ajoutée et d'inadéquation avec le niveau requis par cette fonction.

Par ces démarches en atelier, le DU capte des échanges avec des leaders d'opinion qui ne sont ni de son équipe de management, ni des représentants du personnel, leaders qui apportent des éclairages sur bien des domaines. Dans nombre d'ouvrages, vous trouverez le terme de « champions » pour qualifier ces interlocuteurs structurants dans une organisation. Nous en avons rencontrés beaucoup qui se distinguent par leur attachement au bien faire, à leur connaissance des personnes, à la transparence de leur propos avec le directeur d'usine.

La sphère d'influence du DU se construit par ce développement de relations qui s'animent chaque jour.

Au-delà des canaux décrits ci-dessus, des actions plus collectives pour s'adresser en public aux équipes font partie du rôle de représentant de la direction[1]. Cela joue dans l'adhésion des équipes à la figure d'autorité qu'il peut représenter ; toutefois, cela dépend beaucoup de la culture du site et ne figure pas en première ligne des actions qu'il nous semble impératif de mener.

PARTICIPER À LA SATISFACTION DU PERSONNEL PAR L'AMÉLIORATION DES CONDITIONS DE TRAVAIL

Nous identifions trois domaines forts pour renforcer l'engagement des équipes en offrant des conditions de travail correctes et respectueuses à prendre en compte pour le DU dans ses actions et non comme un sujet uniquement RH.

Définir un axe conditions de travail pour chaque projet ou investissement

Les investissements répondent régulièrement à des développements techniques dans un objectif de rentabilité. Il s'agit d'intégrer aussi dans les cahiers des charges des projets un sujet en lien avec les conditions de travail pour forcer la réflexion sur l'amélioration de l'environnement de travail ou la contrainte liée au travail.

Les manutentions, l'implantation, la répétition de tâches peuvent ainsi être remises en question.

Accélérer le traitement des irritants sociaux

On appelle « irritants » les points de crispations qui peuvent paraître insignifiants dans la complexité des sujets traités par le DU. Néanmoins ces irritants (relations entre collègues, matériel non remis à sa place, dysfonctionnements de machines récurrents,

1. Vous aurez entendu les expressions *town hall*, grand-messe, etc.

manque d'un outil, retards des collègues, etc.) créent du désengagement s'ils ne sont pas pris en compte.

Apporter chaque jour des réponses à des problèmes de fonctionnement de la production participe à créer des conditions favorables de travail. Nous avons entendu des salariés mécontents à cause de problèmes simples à résoudre et qui pourtant perdurent. Laissés de côté, ces sujets créent des tensions entre collègues, entre équipes, ou des contraintes de travail supplémentaires. Le système de management de la performance déjà abordé permet de disposer d'une maille de traitement des problèmes la plus rapprochée du terrain à fréquence quotidienne.

Nous avons mesuré combien ce système participait à réduire les insatisfactions des équipes en répondant dans le même temps à la performance du site. Quels en étaient les indicateurs de mesure ? On classera ici la diminution du nombre de questions en CSE en termes de réclamations individuelles, la relation avec les salariés lors des passages terrain, l'enthousiasme perçu dans les ateliers.

Faire confiance aux équipes pour traiter les sujets

S'appuyant sur un système de management diffusé sur l'ensemble des équipes, le DU impulsera cette préoccupation de l'environnement de travail s'assurant que chaque équipe, managers et salariés se préoccupent de ce sujet et disposent de moyens alloués pour mener un premier niveau d'actions. Les méthodes sont multiples :

- ✓ **Chaque responsable de service dispose d'un budget conditions de travail** sur la base d'idées portées par l'équipe.
- ✓ **Les projets proposés sont validés chaque semaine par un comité** nommé pour garder une cohérence avec les projets du site (attention au doublon avec des projets décidés par ailleurs).
- ✓ **Les validations de commandes d'outils sont réalisées au bon niveau de décision** (le DU a-t-il besoin de valider toutes les demandes ?), etc.

En filigrane, le sujet des conditions de travail est bien souvent pris dans des méthodes de groupes de travail qui sont planifiés dans la durée, mais ceux-ci sont tributaires de la disponibilité des parties prenantes, à quoi s'ajoutent des agendas de décideurs déjà chargés et s'additionnant aux projets du site, sans ressources particulières… Autant d'ingrédients empêchant d'aboutir à des résultats probants. S'assurer de mettre ce sujet au bon niveau de décision participe à des résultats d'amélioration rapides et de satisfaction du personnel.

Chapitre 8

Les caractéristiques incontournables d'un directeur d'usine

Sans chercher à donner une liste exhaustive, nous hiérarchisons ici quelques-unes des caractéristiques incontournables pour tous ceux qui aspirent à occuper la fonction :

✓ **Le leadership et le charisme.** Certains assimilent les deux. Nous pensons qu'ils sont complémentaires, et, dans tous les cas, indispensables pour embarquer les équipes dans les directions souhaitées et les objectifs visés. Elles suivent un homme ou une femme, travaillent pour une personne et non une entité ou une fonction. L'association de ces deux qualités concourt à l'impact du DU sur son site car elle inspire le respect.

✓ **L'orientation résultats, ou la haine de la défaite.** Les grands leaders ont non seulement un besoin vital d'obtenir des résultats concrets et durables, mais aussi, à l'instar des grands sportifs, une haine viscérale de la défaite.

✓ **La confiance en soi.** Il ne s'agit pas d'une simple affirmation de soi qui exclut toute incertitude. Associée à l'humilité, elle implique un doute nécessaire, un questionnement qui permet d'anticiper ou de minimiser les risques tout en voyant grand.

✓ **La capacité à décider, voire l'appétence pour la prise de décision et le sens de l'urgence.** Nous affirmons en effet que ne pas décider est pire que prendre une mauvaise décision car au moins, celle-ci, en étant appliquée, peut amener des changements et des corrections. Par ailleurs, dans un monde où tout va vite, les décisions doivent souvent se prendre rapidement au risque de voir les problèmes prendre de l'ampleur et s'aggraver. Un DU qui tergiverse, qui ne se met pas au rythme du marché, des clients, du groupe perd pied et entraîne ses équipes dans sa chute. Aussi parce que diriger, c'est au fond décider, pour rester courtois, des désagréments que l'on préfère. Comme être décideur, c'est décider dans l'incertitude, cette capacité et cette appétence sont indispensables à cette fonction.

✓ **Le courage** qui consiste à oser faire des choix et à les assumer. Cette caractéristique est indispensable à l'élaboration d'une stratégie d'usine, que nous évoquons dans ce livre, car une stratégie est avant tout constituée de choix et donc de renoncements. Cela implique de ne pas satisfaire tout le monde, d'assumer l'impopularité de certaines mesures. Le DU courageux saura faire cela tout en maintenant l'engagement et la motivation de ses équipes contrairement à un DU téméraire qui pourrait prendre des décisions périlleuses sans en mesurer totalement les conséquences. Nous associons à cette caractéristique la disposition à maintenir une énergie constante dans ses actions quotidiennes. Garder courage requiert de conserver chaque jour un élan dans l'application des décisions.

✓ **L'aptitude à communiquer,** quels que soient le contexte, l'environnement et les personnes. Le DU ne doit pas être uniquement un bon orateur, il doit communiquer avec clarté, concision et conviction, que ce soit en tête à tête ou avec une audience élargie, dans un atelier bruyant ou une salle de conférences. Il doit aussi savoir « parler vrai » (qualité que l'on peut associer au courage managérial évoqué précédemment) de façon à dire des choses, parfois difficiles, à entendre de manière assertive. Cela sera complété par un certain sens de la répartie, voire de l'humour, très utile dans les séances plénières ou en CSE, pour se défaire d'une prise à partie d'un salarié ou d'un représentant du personnel. Dans le même ordre d'idée, être capable d'expliquer et d'adopter une approche pédagogique peut favoriser l'appropriation des messages et des décisions.

✓ **La présence et le goût du terrain.** Le DU doit être présent et se sentir à l'aise (ou en tout cas en donner l'impression) sur les différents terrains de jeu d'une usine. Rien de pire qu'un DU isolé dans son bureau, limitant les contacts avec son équipe dans leur environnement de travail.

EXEMPLE

Nous avons connu un directeur d'usine si isolé dans son bureau que les représentants du personnel avaient ressenti le besoin de demander dans un compte rendu de CSE plusieurs mois après son arrivée : « le "nouveau" directeur d'usine pourrait-il passer dans les ateliers pour se présenter car le personnel ne le connaît toujours pas ? ». Bien sûr, ce cas de figure est assez caricatural, mais il ne faut pas sous-estimer l'impact de fréquents passages sur le terrain pour les équipes.

- ✓ **La capacité de travail et la persévérance.** Comme dans tout domaine, les compétences et les talents ne suffisent pas si l'on veut atteindre l'excellence. Cela peut surprendre tant on a parfois l'impression que ceux que l'on considère comme des grands leaders d'industrie, ou des grands sportifs, donnent une impression d'aisance, de facilité. Mais ne vous y trompez pas, ceux qui excellent sont des « bourreaux de travail ». Nous y associons donc la persévérance, car il faudra inlassablement travailler. Tout peut évoluer et changer très vite dans une usine, ce qui implique parfois de redoubler d'effort.
- ✓ **L'audace ou, *a minima*, le goût de la prise de risque.** Dans une usine, tout ne peut être cadré, standardisé. Il n'y a pas de recette miracle pouvant convenir à chaque situation. Le DU devra souvent inventer, innover et aussi prendre des risques. « Ceux qui réussiront seront ceux qui auront osé oser » disait Clémenceau. La réussite en tant que DU n'échappe pas à cette règle. Prendre des risques fait inévitablement partie intégrante de la fonction même s'ils devront être mesurés, calculés et minimisés par une méthodique et rigoureuse préparation autour des initiatives lancées.
- ✓ **Le sens du collectif et l'abnégation.** Dans la plupart des cas, un DU n'est que de passage dans une usine. Elle existait avant lui et elle continuera d'exister après lui. Le risque est donc élevé, compte tenu des durées de « règne » limitées de ne viser que des réussites personnelles via des actions court terme.

Or, un « grand DU » visera des progrès durables, fera grandir son équipe, la mettra en avant dans les réussites et la protégera en cas de difficultés.

Exercer le rôle de DU et occuper des fonctions en interactions avec plusieurs DU différents nous a permis d'identifier ces caractéristiques essentielles. Elles ne remettent pas en question la singularité de chaque personnalité qui occuperait la fonction : chacun exprime un style propre. Elles donnent à se concentrer sur un positionnement rendant la fonction performante ou à guider le DU à s'entourer des personnes qui dans cette optique compléteront sa singularité.

CHAPITRE 9

Les bons principes du directeur d'usine

Les questions auxquelles répond ce chapitre

- Le principe d'éthique
- Le bon processus conduit au bon résultat
- Potentiel de progrès
- Bon du premier coup
- L'approche globale *versus* les optimisations locales

SAVOIR-ÊTRE

SAVOIR-FAIRE

SAVOIRS

Dans ce chapitre, nous ne cherchons pas à recenser les bons principes du management ou du *Toyota Way*, mais détaillons les principes qui doivent guider le DU dans ses décisions et actions au quotidien.

LE PRINCIPE D'ÉTHIQUE

Nous présenterons ici ce qu'il nous semble être des bases de relations de travail saines, justes et équitables.

Commençons par le respect des personnes, de leur travail, de leur savoir-faire et de leur engagement. Cela implique de savoir qui elles sont, ce qu'elles font, pourquoi et comment elles le font. Nous pourrions donner l'impression d'énoncer des lieux communs, mais notre expérience nous a maintes fois démontré à quel point ce n'était pas toujours évident et simple. D'abord parce que de nombreux DU, centrés sur leurs objectifs, voire uniquement sur ce qu'on leur demande de faire, ne prennent pas le temps de rencontrer et donc de connaître leurs équipes. Ensuite, parce que la taille de certains sites rend ces principes objectivement compliqués à tenir. À l'impossible nul n'étant tenu, il faut *a minima* s'assurer d'un contact avec l'ensemble du personnel à fréquence régulière. La participation aux réunions de performance, les visites sécurité, les tours terrain (pas ceux des marathoniens du *gemba* qui courent d'un atelier à l'autre l'oreille vissée à leur téléphone), les séances plénières d'informations et d'échanges permettent ce contact. Il faut tout simplement prendre le temps de parler avec les équipes quelle que soit leur position dans l'usine. Le DU y obtiendra non seulement une mine d'informations qu'aucun système informatique ne pourra lui donner et surtout, il gagnera la confiance et le respect. Souvenons-vous, on travaille, on s'implique, on s'engage pour une personne en chair et en os, pas pour une entité abstraite (service, usine ou entreprise).

Il nous paraît important d'évoquer également un des termes les plus à la mode actuellement : la bienveillance. Les revues de management, les coachs et autres consultants en bonnes relations en entreprise, les managers ou dirigeants inconséquents survalorisent fréquemment la bienveillance, chacun y allant de sa définition et de la liste supposée de tous les impacts positifs associés. Effectivement, mieux vaut être bienveillant que malintentionné, inamical ou impitoyable, mais tout de même, ce mot n'est-il pas un bon prétexte à l'absence de débats contradictoires qui manquent souvent cruellement dans les entreprises et, par extension, dans les usines. N'est-ce pas aussi parfois un moyen de masquer un manque de courage de certains faux managers qui n'osent imposer de règles, fixer de limites, s'immiscer dans un conflit. L'association de la bienveillance et de la confrontation d'avis supposés contraires mènera aux débats contradictoires et finalement constructifs dont les usines ont besoin. Le DU qui instaurerait un climat propice à cette association appliquerait une bonne partie du principe d'éthique couplé à la performance. Pour aller plus loin, l'implication des équipes dans les décisions et les améliorations à apporter est primordiale.

Le DU se doit d'être « vrai »[1]. Rien de pire en effet qu'un respect de façade, qu'un double discours affichant une fausse sympathie ou empathie et un mépris en arrière-plan. Un directeur de site n'appréciera pas chaque membre de son équipe de la même façon, au même niveau, mais il devra accorder clairement et franchement une place et une chance à chacun.

Apportons une précision importante sur le respect. Celui-ci n'est pas incompatible avec une forme d'exigence, bien au contraire. Comme déjà dit dans ce livre, alors que le mot bienveillance envahit la société et le monde de l'entreprise, l'exigence et le challenge sont pour nous des éléments qui contribuent au respect des personnes car ils participent à leur développement. Respecter

1. « Méfie-toi de l'homme qui rit sans bouger le ventre » dit un proverbe chinois.

une personne, c'est aussi savoir lui dire quand elle ne fait pas bien son travail ou qu'elle n'est pas au niveau attendu.

Le principe d'éthique s'exprime aussi, selon nous, dans une pyramide inversée (figure 9.1). Déjà abordé auparavant et impliquant nécessairement une forte présence terrain, rappelons simplement qu'un chef, quel qu'il soit et donc *a fortiori* un DU doit soutenir son équipe et ainsi l'aider quotidiennement à bien accomplir son travail.

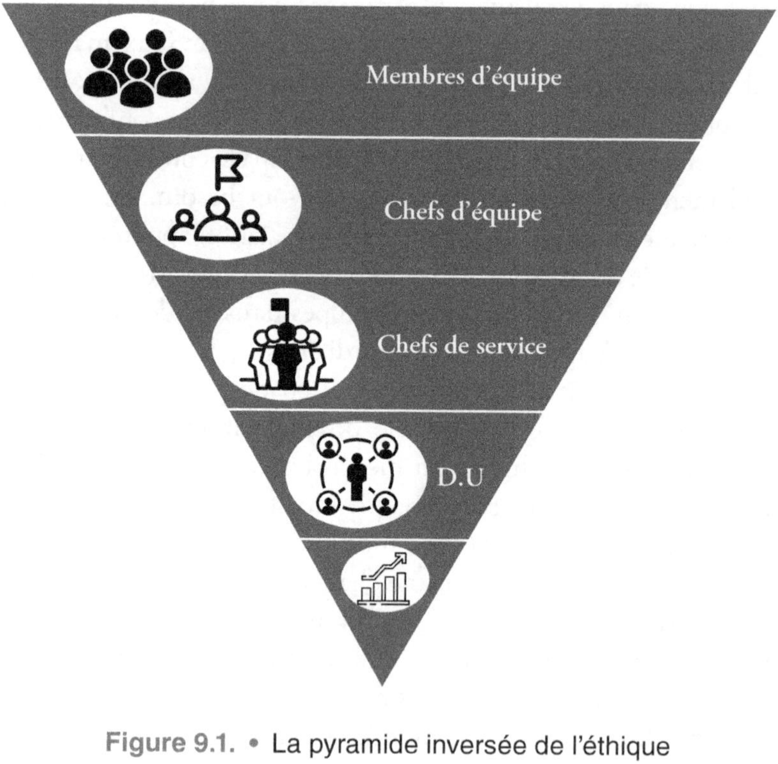

Figure 9.1. • La pyramide inversée de l'éthique

Enfin, il ne faut surtout pas utiliser les réussites d'une équipe contre elle. Même si la productivité est indissociable des progrès réalisés dans toute l'histoire économique, celle-ci ne doit pas supprimer les emplois de ceux qui ont contribué à trouver les sources de productivité. Il faut donc être très clair sur les garanties suivantes.

- ✓ **offrir des postes de reclassement** à ceux dont les fonctions, qui n'apportent pas de valeur ajoutée, sont amenées à disparaître ;
- ✓ **proposer des départs vraiment volontaires ;**
- ✓ **utiliser l'augmentation de la rentabilité** liée à une meilleure productivité pour prendre de nouvelles parts de marché, accroître les volumes et ainsi engendrer de nouvelles embauches.

LE BON PROCESSUS CONDUIT AU BON RÉSULTAT

Tout processus conduit au résultat et, par extension, tout bon processus conduit au bon résultat. Cet axiome implique en premier lieu une forme de croyance, et donc une confiance absolue, pour ne pas dire aveugle, dans le fait qu'un résultat (à supposer qu'il ne soit pas issu d'un objectif donné arbitrairement) peut être obtenu si on a correctement défini (via une analyse rigoureuse) et suivi le processus adéquat, avec en corollaire, la nécessité de se concentrer sur le processus (on peut aussi parler de tout ce qui permet de définir le processus : l'analyse, la méthode, l'organisation, etc.), plutôt que d'être obnubilé en permanence par le résultat.

À ce stade, rassurons le lecteur tenté de voir une forme d'incohérence avec l'une des caractéristiques incontournables du DU qui est l'orientation résultats et la haine de la défaite. Utilisée à mauvais escient, cette caractéristique peut conduire à mettre en permanence l'équipe dans une situation d'inconfort, si ce n'est de stress. Couplée à ce bon principe, elle stimule au contraire l'équipe en la mettant en mouvement dans un jeu dynamique où la victoire est inéluctable.

LE POTENTIEL DE PROGRÈS

À ce principe s'associe celui d'éthique. On l'exprimera ainsi : toute personne ou organisation peut progresser… c'est juste une question de temps et d'énergie. Nous supposerons qu'un DU a de l'énergie à revendre et le temps est celui qu'on veut bien se donner.

Généralement, tout le monde partage ce principe, tout du moins, sur le papier ! Dans la réalité, nous sommes parfois (et pour certains souvent) tentés de dire d'une personne, d'un service, d'un fournisseur, d'une usine même, qu'ils n'y arriveront jamais. Notons déjà qu'il y a une différence entre le fait de parvenir à atteindre un objectif qui peut, comme nous l'avons vu, être fixé arbitrairement, et de progresser.

Combattre cette idée défaitiste qu'une personne ou une organisation ne peut progresser rentre dans la composante de ce bon principe. On peut de plus affirmer que :

- ✓ **cela fait partie du travail de DU ;**
- ✓ **le principe de réalité** consiste à ne pas pouvoir remplacer tout le monde[1] ;
- ✓ **développer les compétences des personnes** fait partie des plus grandes satisfactions de ce métier ;
- ✓ « **voir grand** » (autre bon principe que nous aurions également pu développer) est une des caractéristiques du DU ;
- ✓ **selon le principe de Peter** « toute personne arrivera un jour à son niveau d'incompétence » (et son corollaire encore plus pessimiste et démoralisant) est une réalité dans les entreprises

1. Pour filer la métaphore sportive, c'est la raison pour laquelle la tendance à remplacer souvent les entraîneurs d'équipes de foot est forte. En effet, cela est plus facile et moins coûteux que de remplacer toute l'équipe de footballeurs.

conventionnelles qui n'ont ni l'orientation résultats, ni n'appliquent le principe d'éthique. Nous recommandons à nos lecteurs de fuir ces entreprises.

BON DU PREMIER COUP

Généralement associé à la qualité (ne pas transmettre de défauts au processus aval) et au TPS via le *jidoka*[1] pour éviter les gaspillages induits par les défauts, ce principe peut s'appliquer dans tous les types d'action. En effet, le DU doit l'avoir en tête, que ce soit pour les opérations quotidiennes ou les activités à mener en mode projet.

En écrivant cela, il est clair que la frontière est mince avec le principe de l'amélioration par la technique des petits pas (*kaizen*). En fait, l'important est l'état d'esprit dans lequel le DU doit se positionner quand il observe, analyse et réagit dans une situation donnée. Les encadrés suivants présentent quelques exemples issus de notre expérience pour rendre nos propos plus concrets et parlants.

EXEMPLE 1 : PRODUCTION DE DÉFAUTS SUITE À UNE PANNE SANS STOPPER LA PRODUCTION DANS LA PLASTURGIE

Dans une entreprise de production de pièces plastiques, l'équipe venait de s'apercevoir d'une panne de compresseurs qui avait contribué à une perte de pression au niveau des machines d'injection et donc une moindre maîtrise du dimensionnel des pièces. La panne avait eu lieu en fin d'après-midi, l'équipe qui l'avait constaté au bout de 30 minutes, avait résolu le problème de pression trois heures après, mais n'avait à aucun moment décidé de stopper la production. Résultat : en réunion de performance le lendemain, il y avait un doute sur une quantité produite équivalente à 3,5 heures de production et l'équipe se focalisait sur la façon dont elle allait pouvoir lever ce doute.

1. Le *jidoka* consiste à arrêter le travail dès qu'un problème survient pour éviter de produire des éléments défectueux.

Mes préoccupations étaient bien différentes. La première était de savoir comment protéger le client de cette non-qualité et donc comment ne pas transmettre cette production au processus aval. La seconde consistait à comprendre pourquoi l'équipe avait continué de produire, alors qu'elle savait que la panne engendrait *a minima* des risques sur la qualité ? Finalement, j'encourageais l'équipe à isoler et à bloquer au plus vite la production (appliquer une contre-mesure immédiate afin de protéger le client), à définir des standards de réaction en cas de panne de compresseur et surtout à réfléchir aux conséquences évitables d'avoir décidé de poursuivre une production manifestement défectueuse.

EXEMPLE 2 : LES STOCKS BLOQUÉS POUR NON-QUALITÉ DANS LA VERRERIE

Quand je suis arrivé dans le monde de la verrerie, j'y ai découvert ce qu'on appelait le SNDV, stock non disponible à la vente. Une première règle à retenir consiste à se méfier des acronymes. Ce SNDV a donc rapidement attiré mon attention. Il s'agissait des bouteilles qui risquaient de contenir des défauts. Je demandais alors pourquoi nous avions dans notre stock des productions de ce type (souvenons-nous de la puissance de la question pourquoi, que l'on a tendance à abandonner après la petite enfance). On me répondit alors que la raison principale était que les défauts n'étaient pas toujours détectés en temps réel.

Je poursuivis alors mon investigation pour comprendre pourquoi cette (seule) raison engendrait les montagnes de SNDV que je voyais dans les allées de stockage (le niveau était monté à plus de 4 000 tonnes, soit environ 1 000 palettes ou l'équivalent de près d'une semaine de fabrication).

J'ai fini par comprendre qu'il y avait plusieurs causes techniques, organisationnelles, mais aussi culturelles :

- Les défauts étaient effectivement parfois tardivement détectés.
- Souvent ces défauts étaient mal caractérisés : aléatoires et non spécifiques à une section de l'équipement (ce qui aurait dû supposer de stopper immédiatement l'ensemble de la production de la machine concernée).
- Les palettes concernées étaient isolées, mais pas traitées (triées, contrôlées) immédiatement par l'équipe qui avait produit le ou les défauts.
- Les pièges de la mauvaise gestion des coûts et des indicateurs entraînaient la dérive suivante : l'indicateur principal d'une verrerie

est le PTP (*pack to pull*), soit le ratio entre le nombre de tonnes bonnes emballées *versus* le nombre de tonnes de matière première fondues dans les fours. Or cet indicateur, qui rentrait en compte dans le calcul de l'intéressement, était comptabilisé chaque jour sur la base des palettes rentrées en stock. Une fois que celles-ci étaient intégrées dans les produits finis, même si elles devaient ensuite être triées, voire détruites, cela n'impactait plus le PTP.

Pire, les coûts de revient (coût à la tonne dans le langage verrier) ne prenaient pas en compte les coûts de casse de palettes défectueuses. Tout était donc fait pour que le principe du « bon du premier coup » ne soit pas appliqué. Les directions, les managers se succédaient, s'efforçaient d'exhorter les équipes à réduire ces stocks bloqués, établissaient des plans d'actions traitant les symptômes et non les causes avec pour résultat un SNVD structurellement le plus élevé des usines européennes.

Ma réaction fut de m'attaquer au mauvais paradigme plutôt que de me concentrer sur les plans d'actions techniques ou organisationnels. Pour cela, j'ai décidé des nouvelles règles suivantes :

- Toutes palettes présentant potentiellement des défauts devaient être traitées (contrôlées, triées, remaniées) dans les 24 heures, sans quoi elles n'étaient pas prises en compte dans l'indicateur de productivité (le PTP).
- Aucune ressource additionnelle ne serait dédiée à ces opérations. Charge aux équipes ayant généré les problèmes qualité de s'organiser pour libérer des ressources sur ces tâches non prévues au plan de production

Le résultat ne se fit pas attendre : en quelques mois, et après quelques protestations classiques face à un changement d'attitude, non seulement le problème était résorbé, mais, en plus, ce nouveau processus, qui n'avait en fait rien d'extraordinaire, devint une bonne pratique à appliquer dans l'ensemble des usines.

Ces exemples qui concernent plusieurs secteurs industriels et donc différentes usines nous conduisent à deux conclusions :

✓ **Même si l'énoncé de ce principe semble évident,** les nombreuses situations contraires rencontrées démontrent qu'il n'est certainement pas ancré et appliqué partout (cela montre encore une fois que ce que l'on appelle le *Lean* n'est pas qu'une histoire de bon sens).

✓ **Face à ces situations,** le premier réflexe ne doit pas être de foncer tête baissée dans une analyse de causes technico-organisationnelles, mais d'inculquer ou de ré-inculquer ce bon principe de façon à non seulement résoudre la problématique ponctuelle, mais aussi, et surtout, à instaurer un fonctionnement plus vertueux.

L'APPROCHE GLOBALE *VERSUS* LES OPTIMISATIONS LOCALES

Il y a plusieurs manières d'envisager, d'expliquer, de mettre en application ce bon principe au-delà de la démonstration mathématique de l'optimum global qui n'est pas la somme des optima locaux.

Partons tout d'abord de ce que l'on appelle communément la théorie des contraintes.

La contrainte est une ressource qui limite la performance d'un système. On parle souvent de ressource goulot dans une chaîne de fabrication et on comprend facilement que toute l'attention des équipes doit porter sur ce qui constitue le maillon faible, qui lui-même détermine la performance de toute la chaîne. Or, dans les entreprises conventionnelles, organisées par fonction, chacun cherche à améliorer localement ses résultats selon ses propres moyens. Cela pourrait contribuer à l'amélioration globale de la performance s'il n'y avait pas d'interdépendances entre services, voire entre usines dans les organisations multisites.

EXEMPLE 1 : LES GAINS GÉNÉRÉS PAR LES ACHATS

Nous avons souvent été les témoins de l'inconsistance des gains générés par les services achats. Au-delà des mauvais calculs du type : « le fournisseur voulait nous passer une hausse de 15 %, nous avons réussi à la limiter à 10 %, nous comptabilisons donc des *savings* de 5 % dans l'outil de reporting développé par nos nouveaux consultants » (si cela vous paraît caricatural, nous pouvons vous fournir des noms) qui empêchent toute répercussion effective des *savings* dans le P&L, il y a aussi et surtout les réductions de coûts qui se font au détriment de la qualité du produit, du service et qui auront inévitablement des impacts négatifs sur la performance globale de l'entreprise.

Partant de cet exemple, on peut même affirmer que si la plupart des objectifs des fonctions sont incompatibles entre eux, alors l'optimisation locale peut conduire à la dégradation de la performance globale. Entendons-nous bien, nous ne disons pas que les efforts des achats (ou d'autres services dits supports) sont inutiles, mais ils doivent être déterminés avec la perspective d'une amélioration finale effective pour l'usine. *A contrario*, la production doit accepter une matière première plus difficile à travailler, impactant potentiellement négativement ses rendements si, pour finir, le gain financier pour l'entreprise est positif et durable.

Une autre façon de tirer pleinement les bénéfices de ce bon principe est d'éviter le piège de la chasse aux gaspillages. Beaucoup de « faux experts » du *Lean* peuvent orienter dans la mauvaise direction et l'un de leurs travers est de monopoliser les ressources pour éradiquer le moindre gaspillage dès qu'il a été identifié.

EXEMPLE 2 : LES *GEMBA WALKS* CHEZ UN PLASTURGISTE

À mon arrivée dans une nouvelle entreprise, l'équipe de management en place me montra fièrement ce que l'on pourrait appeler un système de management (notons qu'il ne suffit pas d'appeler un outil « système » pour avoir une approche systémique) qui consistait à aller chaque jour sur le terrain avec une partie de l'équipe locale et d'observer, en déambulant dans l'atelier, les situations que l'on pourrait améliorer. Cette pratique était appelée *gemba walk*.[1]

Après une journée de participation et d'observation, j'ai décidé de tout stopper au grand désespoir des instigateurs. Pourquoi cette décision ? Parce que les ressources d'une usine sont bien trop précieuses pour les dilapider dans une chasse aux gaspillages sans but. Non seulement nous n'avions ni timing, ni objectifs précis dans ces « balades » mais, de plus, nous n'observions pas. Nous

1. Les termes japonais sonnent toujours mieux.

SAVOIR-ÊTRE SAVOIR-FAIRE SAVOIRS

détections juste ce qui nous semblait devoir être amélioré. Cette subjectivité non guidée par une vision, et encore moins un plan ne pouvait pas conduire à améliorer significativement les performances, ni même à résoudre les problèmes des opérateurs qui nous voyaient errer dans l'atelier pour trouver des « gambas » (surnom donné à ces tours de pistes pour tourner en dérision cette pratique).

Répétons-le : sans vision globale, sans objectifs alignés avec celle-ci, sans plan pour y parvenir, sans système de management tel que proposé précédemment, sans standard (si possible visuel), il n'y a pas d'amélioration durable et réelle possible.

CHAPITRE 10

Les interactions avec les différents partenaires

Les questions auxquelles répond ce chapitre

- La force d'une équipe de direction
- Le chef
- Les représentants du personnel
- Les autres entités du groupe
- Les fournisseurs et sous-traitants
- Les consultants
- Les managers de transition
- Les auditeurs
- Les pouvoirs publics
- Le ou les mentors
- Les pairs

Un dirigeant peut avoir la sensation, pas totalement fausse, d'être isolé. Pour beaucoup de nouveaux DU, seuls maîtres à bord sur leurs sites, ce sera sans doute la première fois qu'ils ne côtoieront plus au quotidien des collègues, mais uniquement leurs équipes. Ce sentiment de solitude et d'isolement n'est en fait pas totalement vrai non plus. Le DU a différents partenaires, plus ou moins aidants, avec lesquels il devra interagir. Nous en donnons une liste non exhaustive, ainsi qu'une description des comportements qui nous semblent les plus adaptés et efficients pour l'usine.

LA FORCE D'UNE ÉQUIPE DE DIRECTION

Au premier rang des partenaires, il y a bien sûr l'équipe de direction souvent appelée codir. Un DU ne pouvant évidemment pas tout faire seul, il a fondamentalement besoin d'une équipe. Si celle-ci a de bons objectifs et qu'elle les atteint, alors le DU atteindra également les siens. Voyons comment celle-ci est constituée (ou peut être constituée), les interactions entre ses membres et avec le DU, ainsi que l'état d'esprit qui doit y régner.

La composition de l'équipe

Dans le cas de figure le plus fréquent, l'équipe est déjà constituée. Le DU doit alors identifier rapidement les forces et faiblesses de chacun, connaître leurs leviers de motivation et enfin, indispensable même si difficile, identifier assez vite qui ne sera pas en mesure de tenir son poste selon son niveau d'exigence dans une période donnée. Cela veut dire qu'il doit accepter que les choses ne soient pas déjà telles qu'il les souhaiterait, sans toutefois renoncer à faire progresser les membres de son équipe, tout en admettant que certaines personnes ne sont pas faites pour « le job » dans un contexte donné. Les DU qui ne suivraient pas cette recommandation s'exposeraient soit à ne pas atteindre leurs objectifs, soit à devoir s'acharner sur une personne qui n'aurait définitivement pas les compétences requises. Dans les deux cas, ce serait un échec.

Autre cas de figure, qui peut se présenter lors de création d'usine, de renouvellements massifs du codir par décision de la direction ou départs naturels, l'équipe est à construire ou à reconstruire. Dans ce cas, et partant de l'hypothèse qu'évidemment la priorité est donnée au recrutement de spécialistes des postes à pourvoir, nous recommandons aux DU de s'entourer de profils et de personnalités partageant ses valeurs et son approche du management de la performance au sein d'une usine, de personnes capables de s'unir pour promouvoir et apporter un état d'esprit centré sur le travail d'équipe et l'amélioration continue. Loin de l'approche de recrutement de clones, le partage de valeurs fondamentales communes entre personnalités compatibles permettra de former une véritable équipe prête à s'entraider, à s'enrichir mutuellement, et ainsi de faire mieux qu'additionner simplement les talents. Cette alchimie étant souvent recherchée, rarement obtenue et aujourd'hui encore, nous n'en connaissons pas toutes les clés, nous conseillerons simplement aux DU de se demander s'ils ont envie de travailler avec les personnes rencontrées dans le cadre des processus de recrutement.

Vient ensuite la question du nombre de personnes constitutives d'un codir et de leur positionnement. Là encore, il n'y a pas de règle unique ni de vérité absolue. Nous affirmons même qu'il n'est pas possible de trancher des questions du type « faut-il regrouper la production et la maintenance sous une seule et même personne ? », « doit-il y avoir un service dédié à l'amélioration continue ? », « combien le codir doit-il comprendre de personnes au maximum » ? sans tenir compte du contexte. Voici néanmoins quelques-unes de nos convictions :

✓ **Soyez en direct** avec les personnes qui peuvent avoir un impact : ne vous encombrez pas des baronnies existantes ou visées. Votre seul but est l'efficacité.

SAVOIR-ÊTRE SAVOIR-FAIRE SAVOIRS

✓ **Ne vous fixez pas de limite quant au nombre de personnes qui vous rapportent.** Certes, c'est mieux de ne pas dépasser sept personnes et même idéalement d'en avoir cinq mais, sur une période donnée et si le contexte l'exige, nous connaissons des expériences réussies avec des codir élargis à plus de dix personnes.

✓ **N'hésitez pas non plus à créer des fonctions au codir** et à en enlever d'autres tant que cela sert la transformation que vous souhaitez mener.

Les interactions

Rappelons que le DU devra d'abord et avant tout manager son équipe. Nous avons déjà évoqué au début de ce livre la signification de ce terme, précisons ici que le DU devra donc :

✓ **Fixer des objectifs (SMART).**

✓ **Planifier et réaliser des revues régulières en face-à-face** (au moins aussi importantes, voire plus, que les entretiens annuels ou professionnels).

✓ **Interagir avec elle au quotidien,** notamment dans le cadre des réunions de performance.

✓ **Interagir avec elle également au cours de discussions informelles** (à condition que celles-ci soient cadrées).

Tout cela constitue un minimum. Pour aller plus loin, le DU adoptera également (et pas avant tout) une posture de coach visant à faire « grandir » son codir. Au programme : apprentissage (acquisition de compétences), challenge et recadrage aussi.

Toutes les occasions d'encourager le travail en équipe, de donner le maximum d'autonomie, de responsabilités sont à saisir. De plus, sans enfreindre les règles de communication des IRP, le rôle du DU est de savoir maintenir son équipe de management dans un bon niveau d'information afin qu'elle ait la capacité de porter les décisions avec lui.

Le codir est le cœur du réacteur d'une usine. De la même façon que nous avons affirmé « bon DU > bonne usine, mauvais DU >

mauvaise usine », dans cette phrase nous pouvons remplacer DU par codir, sauf que le DU a en plus la responsabilité de mettre en place, former, manager et coacher un codir performant.

Le DU doit aussi pouvoir se reposer sur son équipe et pas uniquement sur des sujets pour lesquels il n'a pas la compétence : son équipe doit lui apporter l'expertise facilitant ses prises de décisions. Dans certaines phases clés, dans des périodes de crises, dans celles où tout simplement le DU est en difficulté, s'il a mis en place autour de lui une équipe solide, fiable et soudée, il pourra compter sur elle.

LE CHEF[1]

Il n'est pas aussi important que l'équipe, mais presque, tant il conditionne beaucoup de choses. Il s'agit donc d'un partenaire privilégié. Sans verser dans les poncifs du « management du chef », le DU doit faire en sorte que ce soit le cas.

Qui peut être chef de DU ?

Selon que l'organisation soit matricielle ou non, le DU aura un ou deux chefs. Il peut être classiquement rattaché au DG ou patron de *business unit* (celui qui a la responsabilité pleine et entière du business, du P&L) et/ou au directeur industriel qui, lui, encadre plusieurs sites d'une même zone géographique ou d'une même catégorie de produits/process.

Ce que le DU peut et doit attendre de lui

Les attentes peuvent différer selon que ce soit un DG ou un directeur industriel, l'un étant censé avoir une approche plus globale, orientée client, et l'autre une approche plus métier, technique. Des attentes communes peuvent toutefois se dessiner. Tout d'abord,

1. Le N+1 du DU.

SAVOIR-ÊTRE

SAVOIR-FAIRE

SAVOIRS

le chef dispose de la vision hollistique qui comprend la fixation d'objectifs et qui constitue une donnée d'entrée indispensable à la vision usine que le DU devra formuler avec son équipe.

Il devra aussi challenger le DU. Même si ce dernier est un compétiteur né, s'il est seul à se challenger, il risque de basculer dans un mode qui serait uniquement réactif. Ce challenge doit aussi comprendre l'identification pour le DU de ses points de progrès nécessaires. Comme pour tout bon manager, ce chef ne devra pas uniquement se focaliser sur les points faibles intrinsèques du DU, mais sur les aspects de son comportement, de sa personnalité et sur certaines compétences qu'il devra nécessairement travailler pour progresser et faire progresser son usine.

L'autonomie est aussi un élément dont aura besoin le DU. Attention, cela ne signifie pas distance. Si celle-ci sera souvent « physique » (et c'est même souhaitable), elle ne doit pas être incompatible avec le fait de bien connaître l'usine.

Comme tout manager, il devra être en support du DU quand ce dernier le sollicitera et notamment en appui sur certains aspects opérationnels (d'où l'intérêt de bien connaître l'usine), « politiques » (relations avec le groupe) et financiers (demandes de CAPEX).

Figure 9.3. • Soutien managérial humoristique

Exemples de bons fonctionnements

Nous pourrions donner de nombreux exemples de bonnes relations entre un DU et son chef, mais il faut viser mieux que cela. Il faut ambitionner un attelage dont le fonctionnement permet d'obtenir de grands résultats. Quand nous avons été témoins ou avons vécu ce phénomène, les ingrédients suivants étaient systématiquement présents :

- ✓ **Une répartition claire des rôles :** pas de court-circuit dans la relation, que ce soit envers les équipes usine ou les n+ du chef.
- ✓ **Le chef complète** ce qui n'est pas connu ou maîtrisé par le DU.
- ✓ **Tout sujet peut être abordé.** Toute chose peut être dite !
- ✓ **Les objectifs donnés ne sont pas arbitraires.**
- ✓ **Les règles d'équilibre vie privée/vie personnelle** sont connues et respectées.

Dans tous les cas, le DU doit établir rapidement avec lui le fonctionnement de cette relation si possible basé sur ces bons ingrédients.

LES REPRÉSENTANTS DU PERSONNEL

Nous abordons au travers de la dimension terrain et des relations sociales la part du lien collectif avec les représentants du personnel (RP). Ils sont parties prenantes de l'organisation et vecteurs des messages du corps social. Le droit du travail organise la relation formelle et collective avec les RP ; le DU, quant à lui, établit la relation privilégiée dans sa dimension informelle. Elle peut mettre du temps à s'instaurer, car le contexte historique et le rapport à la direction peuvent être biaisés ou parce que la relation de confiance ne se décrète pas et a pu être rompue par le passé.

L'expérience en plusieurs usines démontre que la congruence entre le discours et l'action est le prérequis pour développer un lien franc et direct avec des représentants du personnel.

Pourquoi créer ce lien privilégié ?

Créer des relations individuelles de confiance avec les représentants du personnel est un point d'appui majeur : en effet, quand le corps social bascule, il devient plus aisé d'avoir une approche individuelle pour mieux expliciter ce que 20 paires d'oreilles n'assimilent pas forcément bien en CSE. Ce lien permet de créer une concertation en *off* pour tester des idées, alimenter un débat dépassionné des postures prises en instances et fortes de la vision de « ceux qui font ». Il donne parfois l'accès à des situations individuelles que le management ne traite pas, et que le collectif du CSE ne partage pas par manque d'alignement. Il est fondamental dans ces usines où les salariés sont attachés à leur outil de travail, où ils connaissent les historiques bien plus qu'un codir à l'ancienneté réduite, donnant ainsi un éclairage et des pistes d'actions impactants dans une problématique donnée. Nous aurions bien des situations à citer qui touchent à des altercations évitées, des prémices de grèves longues stoppées par un plan d'action immédiat et concerté en *off*, des droits de retrait désamorcés par ce lien direct et alerte…

Devons-nous nécessairement y accorder de l'énergie en toutes usines et de façon continue ?

Nous le mentionnons dans la dimension terrain, le lien social est instable, fluctuant sur la base d'éléments internes ou externes à l'entreprise et tient aux personnes en présence occupant la fonction de représentants du personnel. Ces instances changent tous les 4 ans, ou non, par habitudes électorales générant dans certaines usines des groupes hiérarchisés où la liberté de penser et de porter le message du corps social est neutralisée. Aussi, le DU doit mesurer dans quel contexte chaque acteur agit. Il peut arriver que le représentant du personnel confonde son ambition syndicale et de défense d'un idéal (au sens idéologique) avec la réalité telle qu'elle est dans l'organisation et ses marges de manœuvre. C'est alors que, dans de tels contextes, nous considérons que l'énergie à déployer pour créer cette relation privilégiée est à relativiser après une première tentative.

Comment se met-elle en place ?

Alors que nous axons notre message sur la discipline avec laquelle on applique un système de management, nous ne croyons pas en l'efficacité de la relation individuelle programmée avec ses représentants du personnel. Citons comme exemple un DU fixant dans son agenda des entretiens informels à fréquence régulière dans son bureau avec ses représentants du personnel plutôt que de les rencontrer sur leur terrain. Or l'opportunité de la discussion[1] se crée de la même façon qu'avec l'ensemble des équipes sur le terrain. Ces opportunités ne sont pas hasardeuses : elles s'inscrivent dans le rituel des démarches quotidiennes dans les ateliers, la discussion avec le RP n'est d'ailleurs pas systématique. Comme nous l'avons d'ailleurs vu précédemment, dans certains contextes, le dialogue doit même être bloqué si des limites ont été franchies. Soulignons toutefois une préconisation claire : le DU veille à aborder avec ses représentants du personnel (ou les salariés concernés directement) des points spécifiques vus en CSE lors de ses tours d'atelier. Nous mesurons que la relation de confiance est plutôt bien établie quand le RP initie la discussion auprès du DU, voire le salarié directement.

Même si la capacité à créer du lien avec les RP ne s'inscrit pas dans la zone de confort de chaque DU, et pourtant, représentant de la direction et du pouvoir de décision, cette relation est bel et bien à explorer et à développer.

LES AUTRES ENTITÉS DU GROUPE

Ces autres entités du groupe auront une incidence très variable sur le travail du DU selon la taille de l'entreprise (PME ou grand groupe) et le type d'organisation (hiérarchique ou matricielle).

1. S'entend au sens de discuter quelque chose, d'en faire l'analyse, l'examen critique et non une discussion de salon.

Nous consacrons cette section à cet « animal complexe » qu'est le grand groupe possédant différentes usines, car il peut être à la fois support et demandeur, aussi bien que soutien et charge. Dans tous les cas, il faut composer avec lui sans que cela n'affecte l'impact ou l'efficacité du DU et donc en faire de véritables partenaires.

Nous préconisons tout d'abord d'adopter une attitude ouverte, proactive et de recherche d'autonomie. Non pas pour cacher des choses ni parce que les DU doivent être des francs-tireurs mais, comme déjà évoqué précédemment, parce qu'ils sont le plus à même, du fait de leur connaissance de l'usine et de leur proximité avec le terrain, de savoir ce qu'il convient de décider et de réaliser comme actions. Pour cela, ils devront certainement passer par des phases réactives à la suite de différentes actions ou demandes du groupe, notamment quand :

- ✓ **Ils seront assaillis de demandes en tout genre à tout moment** de la journée, et qu'ils devront expliquer que ce mode de fonctionnement n'est pas compatible avec l'agenda synchronisé de l'usine.
- ✓ **Ces demandes n'apporteront pas de valeur ajoutée,** et démontreront que les efforts fournis pour y répondre se feront au détriment de l'affectation des ressources au plan industriel du site.
- ✓ **Des projets structurants du groupe interféreront avec les priorités du site** (changement de serveur ou de logiciel dans des phases de transformations actives du site ; changement de rattachement hiérarchique de certains services dans des situations de fragilité d'équipe).
- ✓ **Il y aura des changements de fournisseurs sans communication préalable** (pour exemple le service de nettoyage, une sous-traitance ou un partenariat intérim qui peuvent impacter l'usine).
- ✓ **Des décisions de paiement différé des fournisseurs affecteront les livraisons** de fournitures/pièces sur site.

Une fois ces premières explications données, il faudra sans doute les répéter. Pour avoir de moins en moins à le faire, le DU devra présenter, communiquer, expliquer son plan et intégrer les ressources supports. Celles-ci pourront servir dans la réalisation des actions ou devenir des soutiens auprès du *top management*. L'idée n'est pas de se faire bien voir en haut lieu, mais encore une fois de gagner en autonomie et marge de manœuvre.

Restons toutefois optimistes : de plus en plus d'équipes du *top management* ont conscience que les fonctions *corporate* doivent supporter (au sens anglais du terme) plutôt que de contraindre les opérationnels.

LES FOURNISSEURS ET SOUS-TRAITANTS

Un fournisseur est une personne ou une entreprise qui propose moyennant finance à une entreprise certaines marchandises ou services. Dans le cas d'une usine, le fournisseur est un acteur incontournable de son écosystème. Il y a des différences sur le plan juridique entre fournisseurs et sous-traitants, mais notre propos englobera les deux car la relation avec l'usine et ses équipes ne doit faire l'objet d'aucune différence.

Les différents types de fournisseurs

Commençons par dresser la liste des interlocuteurs potentiels du DU :

- ✓ les fournisseurs de matières premières et composants ;
- ✓ les sous-traitants sur site pour des opérations connexes à la production (nettoyage) ;
- ✓ les sous-traitants hors site réalisant des opérations simples d'assemblage ou de tri (les structures inclusives sont souvent sollicitées : ESAT, prisons) ;
- ✓ les agences d'intérim ;
- ✓ les transporteurs…

La relation client fournisseur externe au sein de l'usine

S'il existe autant de relations que de fournisseurs et de contextes associés, il y a surtout quelques règles fondamentales à respecter pour en faire des partenaires. Selon le principe 11 de management de Toyota, il faut « respecter son réseau étendu de partenaires et de fournisseurs en les stimulant et en les aidant à s'améliorer » car, disons-le tout net, exercer une pression sur ses fournisseurs sous prétexte que l'on est client et que l'on a le droit de tout exiger ne marche pas sur le long terme.

Respecter ses fournisseurs comme le préconise ce principe de Toyota n'est pas antinomique avec l'exigence, bien au contraire. Comme la bienveillance nécessite en complément des débats contradictoires, l'exigence permet aux fournisseurs de progresser à condition de les accompagner et de les soutenir dans leurs plans.

Autre point clé dans la relation : trouver le juste équilibre entre la nécessité de mettre régulièrement les fournisseurs en concurrence et les bienfaits d'une relation établie et durable. Là encore, c'est la vision du DU et son plan associé qui permettront de définir cet équilibre souvent instable et donc avec beaucoup de potentiel.

Le choix des fournisseurs

Rappelons d'abord la règle de bon sens, dont le DU devra ou pourra être le garant, qui consiste à ne pas sous-traiter ce qui est par essence dans le cœur de métier de l'usine, ce qui peut la différencier des autres, ce qui représente un savoir, des compétences qui seraient longs, voire impossibles, à récupérer.

La bonne façon de sélectionner les fournisseurs est d'avoir une approche globale. En effet, le DU veillera non seulement à impliquer toutes les parties prenantes pour établir un cahier des charges répondant aux réels besoins de l'usine mais en plus, il s'assurera que les achats visent, avec les fournisseurs en lice, une performance globale en ligne avec les objectifs et le plan industriel.

Le DU doit aussi s'assurer qu'il n'y a pas de relations de dépendance envers le fournisseur ou réciproquement. Rien de plus frustrant que de voir ses résultats dépendre d'un fournisseur qu'on ne maîtrise jamais totalement ou de devoir verser une compensation à un autre duquel on souhaite se désengager parce que l'usine représentait une trop grande part de son chiffre d'affaires.

LES CONSULTANTS

Il y en a dans tous les domaines, de différents types et pour toutes les missions possibles et imaginables. Ces partenaires sont à solliciter avec précaution car, s'ils peuvent réellement aider, il arrive qu'ils conduisent une usine dans une mauvaise direction.

Les différents types de consultants

Travaillant pour de grands cabinets ou indépendants, on trouve tout d'abord les experts qui peuvent apporter leurs compétences dans des phases de diagnostic, d'établissement de la feuille de route, voire vous accompagner dans la mise en œuvre.

Il y a aussi des formateurs qui, en plus de leurs connaissances d'un domaine, possèdent des capacités d'enseignement et des qualités pédagogiques.

Même s'il n'est pas politiquement correct de l'écrire, d'autant plus que cette activité est un « business » de plus en plus florissant, il y a les « consultants charlatans ». Mais si, cher lecteur, vous en connaissez forcément ou en avez déjà croisés. S'ils peuvent avoir différents profils, il est assez simple de les reconnaître : ils croient plus que tout en leur thèse, mais cela va au-delà de la conviction, c'est quasi dogmatique. Pour eux, leur théorie (car c'est souvent purement théorique) est l'alpha et l'oméga, tout ce qui existe autour n'est qu'erreur et égarement. Ils ont soit tout le temps travaillé dans le conseil (et donc n'ont vu des usines qu'au travers de missions ponctuelles), soit sont issus du monde industriel (quelle que soit leur fonction) et ont décidé d'en sortir par défaut (licenciements, échecs... aucune honte à cela, mais mieux vaut que ce choix de réorientation soit consciemment décidé sinon, on reçoit les conseils d'une personne qui n'est pas parvenue à faire ce que l'on se doit de réussir). Ces consultants charlatans proposent généralement des diagnostics, des programmes de formation, du coaching, mais rarement un accompagnement concret et pratique dans la réalisation complète d'un projet.

Vous l'aurez compris, il y a de nombreux types de consultants : des très bons et des très mauvais, et finalement assez peu de moyens.

Quand et pourquoi faire appel à des consultants ?

Classiquement, le DU pourra être tenté de faire appel à des consultants dans les cas suivants :

✓ **besoin d'une expertise qu'il n'a pas** et dont il ne peut faire « l'acquisition » à court terme ;

✓ **nombre trop limité de personnes dans les équipes qui possèdent une certaine expertise** pour mener les projets prévus dans le plan industriel ;

✓ **besoins de formation qui ne peuvent être couverts avec les ressources en interne,** aussi bien d'un point de vue qualitatif que quantitatif.

Tout cela peut s'inscrire dans le cadre de projets de transformation, face à des problèmes que l'équipe n'arrive pas résoudre ou même pour aider dans la gestion d'une crise, mais ne doit pas se faire dans les situations suivantes :

✓ **Pallier des défauts de décisions en interne.**

✓ **Se substituer à l'équipe** de management en place.

✓ **Assouvir des besoins intellectuels du DU.**

✓ **Parce que « cela fait chic »** de faire appel à McKinsey.

✓ **Mettre en œuvre des outils ou des méthodes non éprouvées** (*cf.* principe n° 8, l'utilisation de technologies fiables du système Toyota est aussi valable selon nous pour les thèses des consultants).

LES MANAGERS DE TRANSITION

Les entreprises font appel à ces managers de transition dans deux cas de figure :

- ✓ **remplacement d'une fonction clé vacante** (démission, licenciement, longue absence) ;
- ✓ **gestion d'une situation spécifique** (projet, retournement, gestion de crise, etc.).

Le DU sera surtout concerné par le premier cas et plus rarement par le second ou alors, ce ne sera pas bon signe car ce sera pour le remplacer. Faire appel à un manager de transition n'est généralement pas une bonne nouvelle car cela signifierait d'abord une mauvaise gestion des compétences (incluant la polyvalence de l'équipe) ou *a minima* une mauvaise anticipation. De plus, nous n'avons jamais vu cette option pleinement réussir. Nous ne disons pas que celle-ci est mauvaise et qu'elle ne marche dans aucun cas, mais les chances de réussite sont statistiquement faibles, compte tenu du nombre de managers de transition que nous avons côtoyés.

Toujours est-il que si le DU (ou l'un des autres partenaires) a décidé d'activer cette option, voici nos conseils (forts de nos échecs) pour maximiser vos chances de succès.

Tout d'abord, il y a des prérequis concernant le profil de la personne à recruter (comme pour un recrutement pour une durée déterminée, il faut avoir le même niveau d'exigence). Elle devra faire preuve de leadership (car elle exercera des responsabilités hiérarchiques et devra rapidement prendre en main une équipe), de capacité d'écoute, de communication et d'adaptabilité (il faut cerner très vite l'enjeu et pouvoir orienter et guider l'équipe tout aussi rapidement).

Ensuite, il faut être très clair sur le contenu de la mission. Il s'agit d'un remplacement, d'assurer une continuité, pas de réinventer la roue. En effet, même s'il y a très certainement des sources de progrès, ce n'est pas le but premier de la transition. Or, toujours selon notre expérience, ces managers ont tendance à se positionner en consultant et non en opérationnel. Nous ne disons pas qu'ils sont tous comme cela, mais nous avons rencontré moult donneurs de leçons alors que nous recherchions des acteurs opérationnels de transition.

LES AUDITEURS

Tout comme les consultants, les auditeurs peuvent intervenir dans différents domaines : comptabilité, finance, qualité, sécurité ou plus globalement sur tout ce qui peut être sujet à certification ; tous les aspects réglementaires ; les interventions de contrôle suite à des demandes clients...

On pourrait simplifier en disant qu'il existe deux grands types d'auditeurs : ceux que vous missionnez (et donc que vous choisissez) et ceux que l'on vous impose.

Les auditeurs missionnés par le DU

Ils doivent avant tout vous « servir ». Même s'ils ne viennent pas totalement et directement de votre propre initiative (il n'est pas certain qu'un DU choisirait de faire venir un auditeur qualité si les normes ISO n'étaient pas devenues « la norme »), puisque vous devez faire appel à eux, autant qu'ils vous aident. C'est là le premier enjeu pour le DU. Il doit parvenir à transformer ce qui de prime abord pourrait apparaître comme une contrainte en opportunité de progrès via une ressource supplémentaire, un regard extérieur. Il faut donc choisir ces auditeurs pour leur capacité à challenger sans complaisance, tout en évitant de vous acculer sur des points où vous connaissez déjà pertinemment vos marges de progrès.

Même s'il est rare que le DU choisisse seul directement ses auditeurs, surtout dans un groupe, nous recommandons *a minima* qu'il intervienne dans ce choix ou qu'il puisse au moins donner son avis sur l'évaluation des auditeurs. Nous avons trop souvent vu des DU apprécier d'avoir des auditeurs « inoffensifs » : ceux-ci n'apportent rien à l'organisation, si ce n'est une perte de temps pour le maigre gain d'un certificat. Voilà qui est bien loin de la valeur ajoutée pour l'usine que le DU doit rechercher en permanence.

Une fois ce choix ou ces avis émis, la préparation de l'audit est clé. Pour qu'il soit réussi, le DU devra passer du temps avec l'auditeur pour lui donner des éléments de contexte, lui expliciter sa cible et ainsi définir avec lui les points à creuser et ceux sur lesquels il peut uniquement faire un contrôle superficiel.

Pendant l'audit, les équipes concernées devront se montrer franches et ouvertes de façon à bénéficier pleinement des observations de cette ressource extérieure. Nous pouvons l'assimiler à un consultant qui vous aiderait à vérifier que vous êtes au niveau où vous pensez être ou à identifier les failles que vous n'avez pas vues.

À la fin de ce processus, si l'auditeur a été bien choisi, ses remarques feront progresser et pourront être la base d'actions venant enrichir la feuille de route de l'usine.

Les auditeurs imposés

Lorsque l'auditeur a été imposé (il s'agit principalement d'intervenants sur des aspects réglementaires ou d'auditeurs missionnés par les clients), la posture à adopter est toute autre. On ne cherchera plus à saisir naïvement des pistes de progrès, mais à passer et surtout réussir un examen.

Là aussi la phase de préparation est clé, mais l'enjeu est différent puisqu'on va chercher à démontrer que les processus, les produits, le savoir-faire sont à la hauteur des exigences réglementaires ou clients. Il faut donc préparer avec les équipes un plan de bataille permettant de sécuriser les points clés sur lesquels on se sait attendu et qui sont souvent les basiques de l'activité. Une règle claire et simple à utiliser et à rappeler est la suivante : répondre strictement aux questions posées, ni plus ni moins. Si l'auditeur pose des questions fermées, il faut alors répondre par oui ou par non. Il ne s'agit pas de stresser les équipes, mais de montrer l'usine sous son meilleur jour avec un comportement homogène et cohérent.

À la fin de l'audit, il n'est pas exclu de challenger les conclusions (à ne pas confondre avec leur contestation), y compris dans le cas des auditeurs clients qui « peuvent être rois, mais pas dictateurs ». L'évidence ne doit évidemment pas être contre-argumentée, mais il est nécessaire de soutenir les processus et les équipes, si ceux-ci ont été mal compris ou injustement évalués.

Dans tous les cas d'audits, le DU devra alimenter et surtout exécuter avec discipline et rigueur les plans d'actions qui en seront issus.

LES POUVOIRS PUBLICS

Inspection du travail, DGCCRF, DREAL, CARSAT, gendarmerie nationale, police de l'eau… il est quasi impossible de lister l'intégralité des différents organismes publics existants (et leurs acronymes) qui peuvent interagir avec l'usine et donc avec le DU.

Si le DU les sollicite rarement, la réciproque n'est pas forcément vraie. Les organismes publics viennent rarement le voir quand tout va bien, mais plutôt lorsqu'un événement (accident, pollution, etc.), un écart par rapport à la législation survient ou sur demande spécifique des représentants du personnel ou du voisinage.

Rien ne sert de les considérer comme des ennemis, même s'il est bien rare qu'ils apportent des sources de valeur ajoutée ou contribuent à atteindre un objectif interne. Cela peut sembler évident, mais si une usine tourne bien, ils brilleront par leur absence. Dans le même registre, la proactivité du DU sur des sujets brûlants socialement ou sur lesquels la législation environnementale évolue rapidement le prémunira de bien des déboires. Nous avons vu des usines empêtrées dans des mises en demeure qui auraient pu être évitées via des dialogues anticipés et constructifs avec la DREAL.

Si malgré des efforts réels et constants de proactivité, le DU devait entrer en contact avec des représentants des pouvoirs publics, rien ne sert de paniquer. Certains seront surpris de cette formule, mais nous pensons au contraire qu'il peut être impressionnant, voire déstabilisant, de se retrouver face à des gendarmes ou à des inspecteurs du travail. En effet, leur ton est parfois culpabilisant pour un DU qui n'a pas l'habitude d'avoir affaire à des représentants de l'État et encore moins à des forces de l'ordre. Même si cela fait partie de son champ de responsabilités, il peut être délicat d'assumer et d'accepter de devoir engager sa responsabilité pénale pour des infractions que l'on n'a pas directement commises.

Il convient d'être avant tout disponible, même si cela perturbe les agendas synchronisés. C'est un des seuls cas où le DU n'aura pas d'autre choix que de se plier à celui de son interlocuteur car, non seulement cela l'agacerait et rendrait potentiellement la suite de la relation plus tendue, mais les représentants de l'État ont de surcroît les moyens et le droit d'imposer leur rythme. La bonne attitude consiste à rester factuel et concentré sur les raisons de la venue de cet interlocuteur pour faire en sorte de traiter au plus vite le problème posé. Dans la plupart des cas, les deux parties veulent une issue positive dans les plus brefs délais.

Dans certains cas (même s'ils sont rares, ils existent), le DU sollicitera les pouvoirs publics, comme l'illustre l'encadré suivant.

EXEMPLE : SOLLICITATION D'UNE SUBVENTION DE LA RÉGION DANS LE CADRE DU DÉVELOPPEMENT D'UNE NOUVELLE LIGNE DE FABRICATION

Dans le contexte national de soutien à l'industrie, les régions s'inscrivent dans un accompagnement du développement des sites de production. Des aides de nature différentes existent et peuvent apporter des financements complémentaires pour contribuer à faire avancer un projet d'investissement, rendant un site plus pérenne. Pour obtenir ces aides, il faut répondre à de multiples conditions, identifier des acteurs spécifiques, respondre à un cahier des charges strict pour défendre son projet[1].

Au sein d'un grand groupe, nous avions entériné un investissement pour lancer une nouvelle ligne de fabrication qui devait permettre d'accroître la production, de mieux servir un marché premium et de créer des emplois complémentaires dans les équipes types de fabrication. Quand bien même le financement était défini,

1. Tout cela est plutôt rassurant puisque cela concerne l'appel à de l'argent public, mais peut dissuader de se tourner vers ces partenaires du développement.

la recherche de soutien financier a été activée afin de pallier certaines contraintes du projet.

Le réseau tissé avec les membres de la cellule économique de la région a permis d'identifier un conseiller pour notre projet. Au travers de plusieurs entretiens, il a évalué la pertinence de notre demande et du projet mené sur le site. Une des problématiques était de déterminer si notre demande était acceptable[1]. Intégré dans un groupe international avec une bonne assise financière, devions-nous recourir à cette aide ? Nous partions du principe que les critères de la région seraient garants de notre éligibilité.

Le dossier fut ensuite bâti comme un mémoire de fin d'étude défendant le contenu du projet, présentant l'entreprise et sa finalité, démontrant la réalité du marché, s'engageant sur des actions de pérennité en matière d'emplois et de formation en lien avec les politiques territoriales. Ce travail recoupait des données pluridisciplinaires, suffisamment simples et impactantes pour que les commissions décisionnaires de la région comprennent l'enjeu de la demande. L'engagement que prenait le site devant être cohérent avec les politiques du groupe, nous devions apprécier l'adhésion de la direction générale face à cette demande et aux perspectives données localement pour le site. Cette concrétisation d'actions à la fois de fonds (rédiger un document de synthèse pluridisciplinaire qualitatif et quantitatif) et d'alignements des différents partenaires représentait une charge de travail significative. Grâce aux efforts engagés, nous avons reçu une subvention de 200 000 euros. Ce soutien a permis des arbitrages moindres à la suite d'écarts de budget.

Depuis ce projet, nous nous demandons systématiquement dans nos roadmaps ou plan d'actions projets, si une action ou un pilote peut être consacré à la recherche de soutien des partenaires territoriaux.

1. Principe d'éthique.

LE OU LES MENTORS

Le mentor est un guide, un conseiller expérimenté. S'il est utile dans n'importe quelle fonction, il l'est d'autant plus pour le DU car c'est un métier d'expérience, d'apprentissage, aux multiples facettes, et sans formation spécifique, comme nous l'avons vu précédemment.

Le mentor peut avoir plusieurs profils et provenances : il peut être désigné dans le cadre d'un programme de mentorat de l'entreprise dont il connaît bien la culture et l'organisation, ou alors il provient du réseau interne ou externe du DU qui recherche ses qualités de mentor du fait de sa connaissance de la fonction et/ou du secteur de l'usine concernée.

Dans le second cas, c'est donc au DU de le trouver. Les critères principaux lors de sa recherche seront les suivants : avoir confiance dans le potentiel mentor qui devra inspirer par ses capacités managériales, ses compétences, son parcours. Il devra aussi être capable de prendre du recul par rapport aux situations qui lui seront exposées, savoir conseiller sans arrière-pensées et sans partis pris et saura se rendre disponible pour des discussions régulières, planifiées ou des besoins ponctuels et spécifiques.

Cette demande de mentorat peut se faire formellement ou naturellement via une relation de confiance qui se sera instaurée au fil des années et de vos rencontres.

Un mentor devra en tout cas apporter :

- ✓ **un regard extérieur** sur des sujets que le DU ne pourrait pas forcément aborder avec les autres « partenaires », notamment son chef,
- ✓ **l'avis d'un professionnel expérimenté** qui permettra de mieux aborder certaines situations, de prendre des décisions qui paraissent difficiles, d'orienter une carrière de façon consciente et réfléchie.

SAVOIR-ÊTRE

SAVOIR-FAIRE

SAVOIRS

Au-delà de l'aide apportée, ces échanges avec son mentor peuvent eux aussi rompre le sentiment de solitude du DU. Il nous semble donc crucial de bénéficier d'un tel partenaire.

LES PAIRS

Nous avons déjà évoqué l'isolement que peut ressentir le DU et donc l'importance des relations qu'il tissera avec ses différents partenaires. Nous avons aussi souligné le fait qu'il n'avait pas de collègues sur site mais, selon la taille de l'entreprise évidemment, il peut avoir des collègues DU dans les autres sites. Les relations qu'il entretiendra avec eux permettront de partager sur des problématiques spécifiques et communes.

EXEMPLE 1 : COMMUNAUTÉ DE DU DANS UN GROUPE VERRIER

Lorsque j'ai intégré le monde de la verrerie, il m'a été très utile en tant que « non-verrier » de bénéficier des conseils, du soutien et de la formation de mes collègues DU des autres sites.

Durant ma période d'intégration tout d'abord, j'ai passé plusieurs mois à sillonner les usines et à apprendre de chacun le fonctionnement des usines et le rôle du « DU verrier ».

Durant ma phase active de prise de fonction ensuite, je savais que je pouvais contacter n'importe quel DU à n'importe quel moment en cas de besoin, que ce soit pour une aide technique (besoin d'une pièce de rechange), organisationnelle (besoin de compétences ou simplement de renforts quantitatifs) ou juste pour échanger sur un sujet de préoccupation.

J'ai appris à apprécier nos rencontres mensuelles au siège pour ce qui était pompeusement appelé nos comités industriels. J'avoue avoir beaucoup challengé la valeur ajoutée de ces réunions en disant que c'était beaucoup de déplacements et donc de temps pour pas grand-chose. J'avais tort : l'intérêt ne résidait pas dans le contenu de ces réunions, mais dans nos rassemblements réguliers qui créaient un esprit d'équipe et un réseau fort utile dans ce métier si particulier.

Fort de cet exemple, si un tel réseau de directeur d'usine n'existe pas dans votre entreprise, nous recommandons vivement de le créer, peu importe la fréquence de ses rencontres.

EXEMPLE 2 : DÎNER « DVBS », DÎNER DES DIRECTEURS VALLOUREC DU BASSIN DE LA SAMBRE

Il s'agissait de dîners organisés à tour de rôle par les directeurs d'usine d'une même entreprise et d'un même secteur géographique. Loin de développer un entre-soi contraire aux qualités d'ouverture d'esprit requis pour la fonction, cela permettait, en plus d'un moment de convivialité organisé par un DU (et pas par son assistant ou assistante, nous insistons sur ce point), d'aborder en équipe des problématiques communes ou spécifiques. Il n'était en effet pas rare qu'à l'issue de ce moment collectif, des prises de rendez-vous s'effectuent pour aller apprendre sur le terrain des uns et des autres et s'enrichir de nouvelles façons de faire.

CHAPITRE 11

Témoignages de directeurs de sites industriels

Les questions auxquelles répond ce chapitre

- Christophe Michel – Une usine sans directeur
- Cédric Souillart – Qui pensait que le DU est un surhomme inaccessible
- C. Millis – Devenir DU, une évolution professionnelle logique
- Gonzague de Gevigney – DU, un parcours riche de réalités humaines
- Ínigo Vélaz – D'une ligne de production à l'usine globale
- David Grapotte – Couteau suisse équilibriste sous adrénaline
- Jean-Pierre Bardon – Mettre en œuvre une vision
- Samuel Mazet – Le goût des chiffres, l'écoute des hommes
- Benjamin Michel – Une prise de « direct »
- Sylvain Willem – Le temps, la conscience, le sentiment

CHRISTOPHE MICHEL – UNE USINE SANS DIRECTEUR

Suis-je légitime à m'exprimer sur une fonction que je n'ai formellement jamais occupée ? Je laisse le lecteur en juger : j'ai travaillé, à diverses fonctions d'encadrement, dans une société industrielle française, cotée au SBF120, de 2001 à 2013. Pendant cette période, j'ai exercé diverses fonctions au sein de la même usine, d'environ 400 personnes, en région lyonnaise, et dont le produit principal est la fabrication d'équipements de protection électrique : fusibles, porte-fusibles, appareillage.

Premier élément à souligner, si je n'ai jamais exercé cette fonction, c'est qu'elle n'existait pas sur le site : je me trouvais donc dans une usine, sans directeur. Cela aurait probablement été inconcevable jusqu'en 1980. La mythologie ancrée du directeur d'usine tout puissant, réunissant sous son autorité toutes les fonctions participant à la production, a fait son temps. Place désormais, dans les années 2000, aux organisations matricielles. [...].

Du tutélaire directeur d'usine ne reste plus qu'un chef d'établissement, dont les attributions se limitent aux ressources humaines, aux services généraux et à l'animation des CE et CHSCT : presque une fonction support à la production, en somme...

[...] Pendant trois ans, de 2011 à 2013, j'ai été le responsable de la principale *business unit* du site, tant en termes d'effectif que de chiffre d'affaires. C'est cette expérience que je partage ici.

Mon principal intérêt dans cette fonction de « directeur d'usine moderne » était la proximité client. Les anciens confirmeraient peut-être la relative séparation, dans le passé, des fonctions de vente et de production. C'est désormais terminé. Aujourd'hui, les unités de production doivent s'adapter, en quasi-temps réel, aux opportunités de vente. En fonction des prix négociés pour les commandes clients, de leurs volumes, de leurs délais, les usines ajustent leurs approvisionnements, leur organisation. Le classique arbitrage prix/délai/capacité est désormais réalisé au sein de la *business unit*.

Aux traditionnels indicateurs de performance des usines productivité, coût de production, respect des délais, qualité, des indicateurs business se sont ajoutés : marge, variation CA, génération de cash. C'est de mon point de vue un progrès, et aussi une puissante source de motivation pour le manager de ce type d'unité. Dix ans plus tard, je me souviens avec émotion de comment nous avons pu rendre possible la production d'une commande, avec un délai de deux mois, qui correspondait à dix ans de nos capacités habituelles. Il avait fallu faire preuve d'imagination sur tous les aspects : achats des composants, design du produit, méthodes de fabrication. L'organisation en BU favorise ce fonctionnement commando.

Revers de la médaille des organisations matricielles : complexité des organigrammes et des prises de décision. [...]

De cette fonction de quasi-directeur d'usine, je garde l'excellent souvenir de l'arrivée permanente de challenges enrichissants : nouveaux produits, nouveaux clients, nouvelles commandes. Tout cela en encadrant une équipe de divers talents et qualités humaines. Par inclination personnelle, j'ai moins aimé l'aspect répétitif de la fonction. Le directeur d'usine doit viser le zéro défaut, l'optimisation permanente, la recherche des derniers dixièmes de performance. Cela nécessite une attention permanente aux plus fins détails, la recherche constante et toujours renouvelée de la perfection. Ces qualités ne me sont pas naturelles, j'ai un net penchant pour le mode projet, où l'on ne part de rien pour remettre un résultat qui marche à 80 %.

J'ai quitté l'industrie en 2013, et travaille désormais dans le secteur du service informatique aux entreprises. L'histoire est un éternel recommencement : depuis deux mois, j'exerce les responsabilités de directeur de centre de service, autrement dit, l'équivalent dans notre activité de directeur d'usine.

CÉDRIC SOUILLART – QUI PENSAIT QUE LE DU EST UN SURHOMME INACCESSIBLE

Je suis issu d'un milieu modeste (premier bachelier de la famille), et natif du Nord. J'ai donc eu très tôt deux convictions : travailler dans une usine est une fierté, et un directeur d'usine est un surhomme inaccessible. Si la première conviction n'a fait que se renforcer au fil des années, j'ai beaucoup évolué sur la seconde. [...]

En 2012, mon patron de l'époque me dit en entretien annuel : « Tu as maintenant acquis les connaissances du fonctionnement de l'usine, tu as su encadrer des équipes avec succès, tu es donc prêt à diriger un site. » Me voilà donc après 14 ans nommé directeur de la Forge d'Aulnoye-Aymeries.

Au début, j'ai presque l'illusion de la facilité : l'usine continue de tourner après mon arrivée comme elle le faisait avant... Puis la vraie raison d'être de la fonction m'apparaît : l'usine perd de l'argent de manière récurrente, et son avenir est sur la sellette. Je n'ai alors plus qu'une obsession : assurer la pérennité du site.

Une usine sans les collaborateurs engagés, c'est juste un bâtiment rempli de machines... C'est par cet angle que j'ai abordé ma mission. J'affectionne l'analogie entre le directeur et un chef d'orchestre : il n'est ni le meilleur violoniste, ni le meilleur clarinettiste, il ne sait probablement même pas jouer du trombone... mais il connaît la partition, il sait choisir le premier violon, et il a la charge de battre la mesure et de faire jouer les musiciens ensemble pour que la musique soit belle.

Il me paraît donc essentiel pour un DU de servir de boussole et de donner la direction, afin que se mette en place la subsidiarité (chacun agit à son niveau, et dans l'intérêt collectif), mais d'éviter le comportement GPS qui conduit au micro-management et qui tue la prise d'initiative. Pour moi, ce fonctionnement implique deux fondamentaux :

✓ **La transparence**, grâce à laquelle la situation de l'entreprise est connue de tous, et les problèmes sont remontés immédiatement.

✓ **La confiance**, qui tue la peur de mal faire ou de se tromper, et qui évite le surcontrôle.

S'en était donc fini de mon image de DU surhomme inaccessible… et je me retrouvais avec des équipes engagées et motivées. Mais une usine sans commandes, ça ne sert pas à grand-chose… J'ai vite compris que tous les efforts possibles menés en amélioration de performances, et de réductions de coûts ne suffiraient pas.

Je me suis donc attaqué à la première ligne du compte de résultat : le chiffre d'affaires. Le développement du marché est un volet de la fonction qui n'est pas toujours présent, mais qui m'a passionné. Ici encore, il faut faire preuve d'humilité, et dépasser l'idée que les clients commandent et que l'usine exécute. J'ai rencontré les clients chez eux, afin de comprendre leur utilisation de nos produits, pour intégrer leurs besoins et contraintes (techniques ou organisationnelles), puis je les ai invités chez nous, afin de les convaincre de nos savoir-faire et de leur proposer des solutions. Cette meilleure connaissance des besoins clients et la motivation de nos équipes nous ont permis de lancer sur le marché des produits uniques au monde, et de transformer en cinq ans plus de la moitié du carnet de commandes, permettant d'assurer une marge suffisante, même avec un volume faible.

Avoir des collaborateurs engagés, des clients qui commandent, c'est bien, mais pouvoir les fabriquer, c'est mieux ! C'est là un autre point de responsabilité du DU : mettre en œuvre les outils industriels qui permettent de livrer le produit bon, à l'heure, et au meilleur coût. Je suis convaincu que ce chapitre est souvent sous-estimé, car trop fréquemment limité à la seule notion d'investissements. Or si l'acquisition de nouvelles machines est importante, le progrès continu de celles déjà présentes est aussi essentiel. Ce plan de progrès continu doit être connu de tous, et chacun doit être absolument convaincu de sa contribution (forte ou non, directe ou non). J'aime lui donner un nom, pour accentuer l'appropriation, et sanctuariser son pilotage et les ressources associées. Ce plan devient la colonne vertébrale de toute décision de progrès, et permet de fédérer les énergies créées autour du projet.

J'ai, depuis cette première expérience de direction d'usine, occupé ce poste pour d'autres usines, puis nommé et fait grandir à mon tour d'autres directeurs. [...] Le DU n'est donc pas un surhomme inaccessible, mais une personne qui rend le succès collectif possible en créant les conditions de la réussite.

C. MILLIS – DEVENIR DU, UNE ÉVOLUTION PROFESSIONNELLE LOGIQUE

J'ai travaillé durant les premières années de ma vie professionnelle dans différents services qui gravitent autour de la production et des installations d'une usine (bureau d'études, service méthode, service maintenance) avec rapidement l'encadrement de petites équipes. Devenir DU n'était pas un objectif initial, mais plutôt une évolution logique de ma vie professionnelle motivée par un besoin de tenir un poste à forte responsabilité, avec une grande autonomie, très diversifié et avec des relations humaines importantes. Dans cette fonction, j'ai toujours eu à l'esprit de :

- ✓ **être équitable et juste** pour l'ensemble du personnel de tout niveau de l'opérateur aux cadres ;
- ✓ **expliquer et convaincre** pour faire accepter par tous des décisions pas toujours agréables pour les personnes avec qui nous travaillons et que nous sollicitons.

GONZAGUE DE GEVIGNEY – DU, UN PARCOURS RICHE DE RÉALITÉS HUMAINES

J'ai commencé ma carrière professionnelle en R&D dans un organisme public de recherche, puis évolué vers la finance en rejoignant un grand groupe industriel. À l'issue de cette dernière expérience de quatre ans, je me trouvais à la croisée des chemins : soit poursuivre vers une fonction de directeur financier de filiale, soit prendre un poste d'ingénieur de production dans une usine du groupe. [...] J'avais l'intuition que cette seconde possibilité présentait l'avantage de m'exposer plus fortement sur le plan humain. J'ai donc opté pour le poste d'ingénieur de production dans cette usine [...].

Quelques années plus tard, contraint et forcé à un nouveau changement d'employeur, je rejoignais un nouveau groupe industriel métallurgique pour occuper mon premier poste de directeur d'usine.

Les caractéristiques du métier de directeur d'usine sont multiples, ce qui en fait tout l'intérêt. J'en retiens trois :

- ✓ **La gestion de l'organisation.** Il s'agit d'abord d'une affaire d'hommes et de femmes qui doivent trouver conjointement la meilleure façon de travailler ensemble en vue d'atteindre des objectifs de performance. Ce n'est pas simple compte tenu de l'histoire du site, des individualités, des règles à respecter parfois contraignantes pour préserver l'intégrité de chacun et la qualité des produits livrés aux clients.
- ✓ **Le positionnement à l'intersection de plusieurs domaines de compétences** : les ressources humaines (droit du travail, gestion des carrières, relations avec les partenaires sociaux), la maîtrise des procédés industriels (métiers de base, R&D), la qualité des produits et services (normes internationales), la supply chain (achats, logistique), la finance (investissements, reporting), les réglementations (sécurité, environnement, etc.), les relations avec les administrations et les élus locaux.

✓ Le **positionnement à l'interface entre le terrain et la direction générale**. Le directeur d'usine est le représentant local de la société. Il est celui qui décide in fine pour un grand nombre de sujets. Les sollicitations du siège sont nombreuses, justifiées, mais parfois chronophages (nouvelles initiatives du groupe, audits internes, reporting). Il faut préserver du mieux possible les équipes sur le terrain et se focaliser sur les bonnes priorités.

De nombreuses qualités attendues d'un directeur d'usine, je retiens :

✓ **Le respect des hommes et des femmes** placés sous sa responsabilité. Cela passe par beaucoup d'écoute et de dialogue, le droit à l'erreur (pas trop souvent tout de même…), le souci permanent de travailler en sécurité en faisant respecter les règles, la gestion des conflits potentiels ou avérés. Cela nécessite d'être sur le terrain au contact des équipes.

✓ **La compréhension et la vision de l'organisation**. En identifier les forces et les faiblesses est incontournable pour améliorer la performance collective. Cela concerne aussi bien les hommes que les processus de l'entreprise.

✓ **La capacité à décider et mettre en œuvre/faire appliquer la décision**. La concertation est un préalable à toute décision : le directeur d'usine est loin de tout connaître ; les spécialistes/experts de chaque domaine apportent leur expérience et leurs conseils.

✓ **La réactivité** pour gérer les crises inévitables (problème technique, accident humain, non-qualité de produits, etc.).

✓ **La priorité donnée à la qualité** des produits et services délivrés par l'usine.

✓ **La prise en compte de la rentabilité économique**, conditions nécessaires (et pas toujours suffisantes) à la pérennité du site.

Après plusieurs postes successifs de directeurs d'usine, j'ai terminé ma carrière dans des directions fonctionnelles au sein de la direction générale du groupe, autant de postes passionnants, car globaux dans un contexte international pour lesquels mon expérience de terrain a été plus que profitable. Pour autant, le métier de directeur d'usine est sans aucun doute celui que j'ai préféré et je me souviens avoir souvent rappelé à mes collègues parisiens qu'au-delà de la stratégie, des politiques et des courbes, le groupe serait inexistant sans cette riche réalité humaine propre aux usines.

ÍNIGO VÉLAZ – D'UNE LIGNE DE PRODUCTION À L'USINE GLOBALE

J'ai commencé à travailler dans l'industrie à 22 ans, juste après avoir fini mes études d'ingénieur industriel à l'université polytechnique de Barcelone. En 2007, la société Owens Illinois, leader mondial de la production de bouteilles en verre, m'a donné une formidable opportunité, en me proposant un poste de responsable de ligne de production, poste comportant du management et des challenges techniques importants dans une industrie à feu continu. Ce défi me plaisait.

Ce poste n'existait pas auparavant chez OI, il était censé être l'équivalent du directeur de l'usine la plus petite du monde (une ligne), et même si, avec le recul, le poste était loin de celui d'un DU, cela a sûrement marqué mon envie de devenir un jour le directeur d'une usine verrière.

J'ai ensuite occupé d'autres postes à responsabilité, comme celui de responsable process/ateliers supports pour enfin devenir responsable de production en 2016, j'avais alors 30 ans, à un poste de responsabilité dans une usine de plus 180 personnes.

Ces évolutions m'avaient fait grandir d'un point de vue technique, mais surtout d'un point de vue managérial, et cette nomination en tant que responsable de production m'a obligé à réfléchir sur la façon dont je devais aborder mon travail. Même si j'ai toujours considéré que seul on ne fait rien, et que c'est ensemble que l'on gagne, dans le début de ma carrière j'ai toujours eu tendance à mettre beaucoup d'énergie et peut-être parfois à compenser le travail des autres. Quand j'ai pris le poste de responsable de production, avec plus de 100 personnes dans mon périmètre, je me suis rapidement rendu compte que je devais changer la stratégie et que peut-être ma lecture n'était pas la bonne, même si c'était elle qui m'avait fait évoluer plutôt rapidement.

Il fallait me remettre en cause. Le fait de toujours donner à 100 %, voire plus, ne suffisait alors plus, et était probablement contreproductif. Si je ne changeais pas ma stratégie, il m'aurait

SAVOIR-ÊTRE SAVOIR-FAIRE SAVOIRS

fallu donner de plus en plus pour assurer le résultat, et cela m'aurait rapidement conduit à l'épuisement. Je devais donc obtenir plus de mon équipe, mais je fus rapidement frustré de ne pas obtenir que chacun se donne à 100 %. De mon point de vue, c'est là une erreur commune de beaucoup de managers. Quand nous arrivons à des postes à responsabilité, nous nous offusquons parfois que les autres ne s'investissent pas de la même façon que nous au quotidien, et cela nous conduit parfois à renoncer, ou à juger injustement notre équipe, car on a alors tendance à ne pas tenir compte de ses difficultés. Par conséquent, nous compensons le travail des autres, rendant l'ensemble de la chaîne inefficace.

J'ai compris que la clé consistait à chercher à obtenir juste un peu plus de chacun tous les jours, j'ai compris que plutôt que de m'investir à 150 % chaque jour, 1 % d'engagement de plus de la part de chacun de mes centaines de collaborateurs donnait comme résultat un effet multiplicateur impressionnant, une sorte d'intérêt composé capable de créer un cercle vertueux qui se traduisit rapidement par une amélioration des résultats de l'usine, en termes de sécurité, qualité ou performance. J'ai alors consacré tous mes efforts à cette stratégie, en essayant de faire des réunions constructives avec mes équipes, en donnant de l'autonomie et de la responsabilité tout en définissant certaines règles et limites, en créant des tableaux visuels où tout le monde participait, de façon ouverte, sur l'analyse des problèmes et sur leur résolution, ainsi que la création d'autres tableaux où les limites du process étaient claires pour chaque variable en fonction des standards de fabrication qu'on avait aussi créés avec notre expérience d'échec-réussite. On commençait à trouver la musique, et les résultats de l'usine se sont améliorés très rapidement.

Ce travail sur l'usine du site de Barcelone m'a donné la possibilité de franchir une autre étape : à l'été 2018, mon directeur m'a proposé de devenir DU. Il est difficile d'exprimer les sentiments que j'ai ressentis ce jour-là, l'objectif que j'avais toujours eu était finalement devant moi, mais le challenge était encore plus important que ce que j'avais imaginé. Cette opportunité ne portait pas sur l'usine de Barcelone, là où j'avais grandi professionnellement, mais sur une autre usine du groupe, en France. De surcroît, et il s'agissait de l'usine la plus performante du groupe au niveau mondial. Cette nouvelle fonction impliquait un changement de langue et de culture.

J'ai accepté, j'avais envie de relever ce nouveau challenge, d'aider cette usine grâce à mon bagage d'expériences, mais surtout d'apprendre d'une autre culture et d'une usine ultra-performante.

DAVID GRAPOTTE – COUTEAU SUISSE ÉQUILIBRISTE SOUS ADRÉNALINE

Du fils d'ouvrier au directeur d'usine

[…] C'est à la quarantaine, après une quinzaine d'années dans des fonctions techniques et le passage par un Executive MBA, que j'ai vécu ma première expérience en tant que directeur d'usine. Était-ce écrit dans mes gênes, dans mon inconscient qu'un jour je serai directeur d'usine, je ne saurais le dire.

Le profil du directeur d'usine

En préparant ce témoignage, j'ai compris que tous les DU que j'ai eu l'occasion de rencontrer ont, comme moi, commencé leur carrière dans une fonction technique (R&D, engineering, etc.), opérationnelle (production, supply chain) ou financière (contrôle de gestion, finance) avant de devenir DU. Ce constat, qui n'engage que moi et qui nécessiterait une étude plus approfondie sur l'origine métier des DU, me permet de faire un clin d'œil aux responsables RH, responsables marketing ou encore responsables commerciaux, et de leur conseiller de passer leur chemin, il semblerait que ce métier ne soit pas fait pour vous !

L'enseignement que j'en tire, à titre personnel, est que pour tenir ce rôle il faut avoir une appétence pour la technique, aimer résoudre des problèmes, ne pas craindre de prendre des décisions et d'avoir à les assumer – y compris celles des autres – et enfin prendre du plaisir à manager une équipe.

La vie du DU, ses joies et ses défis

La vie d'un DU est loin d'être monotone et c'est pour moi une source d'intérêt. Si chaque matin je sais que ma journée sera pleine d'aléas, je ne connais pas à l'avance leur nature. Cela fait partie de mon quotidien, de mon adrénaline, à tel point que je les ai intégrés dans mon mode de management, que ce soit à travers la mise en place de standards, de méthodes de résolution de problèmes, la structuration des fonctions support ou encore dans les outils de planification supply chain et financières.

Tel un couteau suisse, le DU doit être polycompétent pour faire face aux multiples situations auxquelles il est confronté. Bien évidemment, il dispose dans son équipe de personnes bien mieux outillées que lui et auxquelles il ne manquera pas de faire appel pour effectuer des tâches bien spécifiques. Travailler au sein de ces équipes et apprendre d'eux est très enrichissant.

En France, il est impossible de parler de la vie du DU sans évoquer les relations avec les organisations syndicales. Au-delà des réunions CSE, CSSCT et autres commissions qui sont souvent chronophages, les négociations d'accords (temps de travail, intéressement, parité…) s'apparentent à un parcours du combattant avec de nombreuses embûches et émaillés de pauses barbecue au feu de palettes devant l'usine.

Au fil du temps, le style de management a évolué, devenant moins directif, pour devenir manager et surtout leader. Au gré de mes années dans la fonction, j'ai pu noter une évolution dans le poste. Si l'organisation hiérarchique pyramidale reste présente, l'aspect managérial et la notion de leadership prennent une place de plus en plus importante. La posture du patron en costume cravate auquel on donne du « Monsieur le Directeur » a laissé place à une tenue plus décontractée avec l'usage du prénom et dans certains cas du tutoiement. Cette plus grande proximité, en particulier auprès des jeunes collaborateurs, n'est pas pour me déplaire.

Message à l'attention des jeunes générations

Je suis actuellement à un moment de ma carrière et de ma vie où le temps est venu de penser à passer le flambeau et à susciter des vocations. Parmi les membres de mon équipe, je note que ceux qui ont la capacité d'endosser le costume de DU n'ont pas peur de s'engager dans cette voie. C'est de bon augure pour l'avenir de l'industrie en France.

Pour ma part la fonction de DU n'a jamais été une fin en soi, mais un moyen de satisfaire mes attentes. Ce job est riche en expériences diverses et variées, le travail en équipe est excitant et source de satisfaction, le résultat des décisions et des réalisations est visible et palpable. Alors, oui, cela exige du travail et de l'engagement, cependant la satisfaction en retour est au rendez-vous.

Au fil des générations, le métier de DU a évolué et il continuera de le faire sous l'impulsion des nouveaux directeurs d'usine. N'ayez pas peur, lancez-vous !

JEAN-PIERRE BARDON – METTRE EN ŒUVRE UNE VISION

Pourquoi êtes-vous devenu dirigeant ?

Ce n'était pas un de mes objectifs initiaux en sortie de mes études supérieures, mais la conséquence de réussites accumulées et de difficultés rencontrées pendant un parcours professionnel riche et varié de plus de 20 ans.

Je crois qu'il faut cocher plusieurs cases (acquis par l'expérience professionnelle) et saisir des opportunités qui vous sont offertes par des tiers (actionnaires, d'autres dirigeants, etc.) qui croient en vous dans un contexte donné. [...]

Comment y êtes-vous parvenu ?

J'ai su montrer des qualités très appréciées des actionnaires et des dirigeants : la fidélité, l'engagement, la résilience, la remise en cause, une faculté à comprendre les évolutions à apporter et les raisons, mais surtout la capacité à mener les hommes et les femmes pour obtenir des résultats. Être exemplaire dans son comportement, être exigeant tout en reconnaissant la compétence et le travail de ses collaborateurs.

Quand le personnel de l'entreprise et vos collaborateurs vous font confiance tout est possible ; mais conserver cette confiance sur la durée est un enjeu majeur, notamment quand des difficultés surviennent et que le doute s'installe. C'est alors que l'expérience emmagasinée vous aide à franchir les obstacles. Je suis surtout intervenu en fin de carrière (dix ans) dans des entreprises en difficulté ; il y a alors une grande attente et une mobilisation forte à exploiter.

J'ai dirigé beaucoup de PME différentes dans des contextes industriels variés, mais les problèmes récurrents sont, avant tout, humains (individuels ou collectifs). Ce sont des personnes en souffrance au travail, des personnes nuisibles mais clés qui bloquent une organisation, des interfaces entre fonctions qui sont très mal assurées.

La première étape consiste alors à identifier les dysfonctionnements, la deuxième à exposer les choses clairement, la troisième à mettre en œuvre des solutions avec détermination et en impliquant les acteurs.

Les défis techniques sont souvent plus faciles à résoudre, notamment dans un monde d'ingénieurs et de techniciens.

J'ai été coaché et épaulé par plusieurs mentors qui ont su me faire évoluer et prendre conscience de ma capacité à faire bouger les choses. Ils m'ont également donné les moyens matériels de réussir et des formations adaptées, notamment une consacrée à l'intelligence émotionnelle.

Qu'est-ce qui fait selon vous un bon dirigeant ?

Il convient de définir bon pour qui ? Les actionnaires, les salariés, les collaborateurs. Un bon dirigeant reste en place, car il a le soutien des actionnaires (résultats jugés satisfaisants), sait répondre aux attentes des salariés en termes de vision, reconnaissance, évolution de carrière, rémunération et sait bien s'entourer de collaborateurs compétents qui participent avec enthousiasme aux défis industriels à relever car ils se sentent reconnus et utiles.

En conséquence, être un bon dirigeant se mesure sur la durée. En effet, quand une des parties prenantes est déçue et se désengage, alors la fin de la mission approche. Il faut faire preuve d'humilité, de probité, de courage et savoir se remettre en cause et écouter. J'ai aussi appris à faire le dos rond pour traverser les tempêtes. Le ciel bleu revient, mais il faut tenir le cap fermement en étant souvent seul. Cependant, il ne faut pas œuvrer pour simplement durer en intégrant que vous ne serez pas seul à décider si votre mission se poursuivra. Il est évident que si vos résultats sont bons, changer le dirigeant est plus hasardeux, mais si vos résultats ne sont pas conformes aux objectifs, la qualité de votre travail n'est peut-être pas en cause, mais vous devrez passer le relais.

SAMUEL MAZET – LE GOÛT DES CHIFFRES, L'ÉCOUTE DES HOMMES

Pourquoi êtes-vous devenu dirigeant ?

Ingénieur chimiste de formation initiale, ma première expérience professionnelle n'était aucunement technique, mais m'a immédiatement plongé dans le pilotage des activités et le management de collaborateurs. Très rapidement donc. Puis, dans les différents postes ensuite occupés, je me suis rendu compte de la richesse et de l'intérêt de telles fonctions, qui sont au cœur de l'un des enjeux majeurs de toute entreprise : améliorer l'efficacité de ses processus. Au fil des différentes expériences d'ingénieur production, de responsable d'atelier, de responsable de production, puis de directeur industriel, l'éventail des leviers sur lesquels j'étais en mesure de jouer pour faire progresser l'entreprise s'est naturellement élargi. Le degré de précision de l'observation de ses processus, les échanges toujours plus riches avec ses collaborateurs, puis ses clients et fournisseurs, l'analyse plus poussée des chiffres de tout ordre, me permettaient d'identifier et mettre en œuvre des plans d'actions de plus en plus fins et impactants pour améliorer le fonctionnement de l'entreprise, souvent le travail de ses collaborateurs, et *in fine* son résultat financier. Observer et analyser une situation, identifier des voies de progrès, puis les mettre en œuvre : cette philosophie toute personnelle s'est trouvée pleinement utilisée dans mon travail. Lorsque l'opportunité de devenir directeur d'usine et d'activité s'est présentée, j'y ai vu le moyen d'accroître encore le périmètre de « jeu ».

Comment y êtes-vous parvenu ?

En regardant en arrière et en essayant de synthétiser le « comment », je crois pouvoir dire que deux grandes raisons m'ont permis d'atteindre un tel poste, qui n'était pas en soi un objectif professionnel. La première, peut-être surprenante, est que j'aime les chiffres, j'aime les triturer, les faire parler.

SAVOIR-ÊTRE
SAVOIR-FAIRE
SAVOIRS

Dans chacun de mes postes et après une nécessaire phase d'observation et d'échanges, j'ai toujours mis en place un processus de récolte des données chiffrées du périmètre sous ma responsabilité, quel qu'en soit le type : des kg de matières premières, des heures de fonctionnement de machines ou de temps « métal », des rendements, des nombres de pièces produites, de commandes ou d'ordre de fabrication… L'objectif ? les analyser, trouver des corrélations, reboucler sur le terrain, et identifier comment améliorer les processus ! La seconde raison est d'avoir su saisir les opportunités proposées. Cette approche par les chiffres m'a en effet conduit à quelques belles réussites, qui ont pour certaines « tapé dans l'œil » de certains responsables ou dirigeants qui, en temps voulu, m'ont proposé d'évoluer. Ce que j'ai accepté.

Qu'est-ce qui fait selon vous un bon dirigeant ?

Le dirigeant « dirige » sur deux plans, qui sont, bien sûr, complètement intriqués : les activités de l'entreprise d'une part, et l'ensemble des collaborateurs placés sous sa responsabilité d'autre part. Sur ce second aspect, et même si le dirigeant est naturellement en position de force, son respect de chacun est un impératif. Échanger avec son personnel avec humilité, écoute, et une réelle dose d'empathie sont des atouts pour réussir. Sans pour autant pouvoir contenter tout le monde, il doit savoir donner du sens à ses décisions et être juste. Il saura constituer son équipe de proches collaborateurs qui, sans que chacun soit le meilleur dans son domaine, sera heureuse de travailler ensemble, soudée, sérieuse sans pour autant se prendre au sérieux, et suffisamment engagée pour que chacun joue pleinement son rôle et la délégation qu'il aura reçue du dirigeant. Ce dernier saura conserver le recul nécessaire, tout en sachant parfois s'impliquer plus fortement si besoin. Enfin, le dirigeant saura acquérir une vision d'ensemble qui lui permettra d'appréhender rapidement les sujets, les enjeux, et saura décider sans avoir toujours toutes les informations nécessaires à disposition.

BENJAMIN MICHEL – UNE PRISE DE « DIRECT »

C'est un privilège pour moi de pouvoir m'exprimer sur ce sujet dans la mesure où je n'ai pas vraiment eu l'occasion d'occuper cette fonction de directeur d'usine. En effet, ayant depuis quinze ans exercé différentes fonctions au sein d'ingénieries jusqu'à en diriger une aujourd'hui, je n'ai jamais été amené à diriger une usine, au sens strict du terme.

Une ingénierie est une société essentiellement constituée d'ingénieurs et de techniciens qui doivent, justement, concevoir – dimensionner, designer, acheter et assembler – l'usine la plus optimale en termes de performance et de coûts, pour qu'elle puisse ensuite être opérée par le futur DU. Je suis donc finalement un directeur [de société, constructeur] d'usine.

Au-delà de la passion qui m'anime dans l'exercice de ce métier, qui est tout à la fois technique et humain et qui permet tous les jours, partant de la feuille blanche, de matérialiser par la réalisation d'un actif industriel l'intelligence collective d'une équipe projet, qui se nourrit de l'histoire et de l'expertise acquise au fil des années par une entreprise, je souhaiterais mettre en avant trois caractéristiques principales du directeur [constructeur] d'usine. Dans « directeur d'usine », on retrouve :

✓ **Le terme direct.** Ainsi, le directeur d'usine doit jouer à la fois le rôle de sélectionneur, d'entraîneur et de capitaine d'équipe : il est en prise directe avec l'ensemble de ses équipes qu'il doit choisir, animer, organiser, motiver et challenger pour la réussite globale de son activité. C'est donc avant tout des qualités humaines, dans la relation à l'autre (individuellement), et aux autres (collectivement) qu'il doit mobiliser. Jongler entre les entrevues informelles (la résolution de problèmes dans le couloir, la transmission d'informations à la machine à café ou le recadrage dans l'ascenseur…) et les routines managériales plus formelles (entretiens de pilotage, réunions de managers ou grand-messe à tous les salariés…) doit donc faire partie des différentes cordes à son arc. Comme pour tout bon capitaine, faire preuve d'exemplarité sera indispensable pour démontrer par ses propres actes que les attentes qu'il formule vis-à-vis de ses équipes sont réalisables.

✓ **La racine du mot direction.** Ainsi, le directeur d'usine doit donner un cap, une orientation, une vision. C'est lui qui doit donner le sens à l'action et à l'activité engagée par la société. Il analyse le contexte général, fait le constat des forces et faiblesses, collecte les attentes de ses clients et cherche à anticiper les besoins du marché. Il en traduit les axes d'amélioration nécessaires et les besoins de transformation. Il les communique largement à ses équipes pour justifier des éventuelles réorientations.

✓ **La notion de diriger.** Ainsi, le directeur d'usine devra mener la barque : il s'agira de prendre les décisions, d'arbitrer et de trancher. Que celles-ci relèvent du business, de l'humain ou de l'organisationnel, ses équipes devront se montrer digne de l'autorité dont on est investi, en laissant la place à l'écoute sans sombrer dans la tergiversation. Diriger par la décision et l'action, tout en expliquant pour l'adhésion ou *a minima* la compréhension des équipes qui mettront en œuvre, voire parfois subiront, les conséquences de la décision. Diriger pour faire progresser, parce qu'on a la conviction forte que les choix et les remises en cause peuvent nous faire faire mieux. Diriger avec conviction, mais sans s'enferrer car il faut avoir la lucidité de reconnaître qu'on a pu faire fausse route…

Être directeur d'usine, c'est donc avoir de l'impact, faire bouger le business, les équipes (le monde ?). C'est être responsable et se montre digne de ses responsabilités.

SYLVAIN WILLEM – LE TEMPS, LA CONSCIENCE, LE SENTIMENT

Pour tout ingénieur qui apprécie le lien humain, le projet collectif, mais aussi la beauté – et la complexité – des processus, le métier de directeur d'usine est le plus beau du monde. C'est un quotidien passionnant, addictif, qui mêle avec brio la réalité et le pragmatisme du terrain (les machines, les personnes, les produits), et l'ensemble des ressorts stratégiques du développement de l'entreprise. En condensé. Tantôt motivateur, contradicteur, professeur, entraîneur, acteur, ou meneur, vous incarnez tous ces rôles à des degrés divers. Il n'y a pas de condition *sine qua non* de comprendre ce que chacun fait dans les moindres détails, mais plutôt celle d'être là pour garantir que le potentiel individuel s'exprime au service du collectif. C'est le plus difficile et vous n'y arrivez jamais complètement.

Je souhaite vous partager mon ressenti autour de trois mots-clés :

✓ **Le temps.** Parlons-en : DU est peut-être par excellence le métier dirigé par le temps. Certes, c'est le cas bien entendu dans bon nombre d'activités, mais dans une usine, le temps est une dimension qui se révèle particulièrement importante. On apprend à gérer un plan à trois ans, tout en réglant ce gros problème dans l'atelier qui nous empêche de livrer un client à l'heure, ou l'amélioration des conditions de travail. Comment gérer la dimension du court terme sans se laisser happer par celle-ci ? Comment assurer l'accomplissement des buts de long terme de l'entreprise, alors que vous devez assurer au quotidien la sécurité des hommes, la qualité des produits, le respect des délais, la réduction des coûts ? Les directeurs d'usine qui sont arrivés au succès durable y sont parvenus par une maîtrise du temps. C'est pour moi le paramètre incontournable. Ne pas le subir, décider un tant soit peu de son agenda de progrès, des sujets que vous voulez mettre sur la table, sans compter votre capacité à protéger vos équipes des demandes irrationnelles qui peuvent arriver de l'extérieur, non pas en les refusant, mais en les traduisant en objectifs tangibles à atteindre. N'importe quelle performance ne peut s'obtenir sans maîtrise du temps. Mais soyez suffisamment fort pour accepter l'imperfection et acceptez l'inacceptable : sacrifier parfois la performance d'aujourd'hui pour bâtir les succès de demain : voilà qui n'est pas toujours facile.

✓ **La conscience**. En quoi cette notion impacte-t-elle ce métier ? Vous guidez des femmes et des hommes vers l'excellence industrielle, et vous êtes convaincu de le faire. Pour d'excellentes raisons. Mais vos raisons sont-elles celles de vos collaborateurs ? Certains sont là pour manger, d'autres pour faire partie d'un groupe, quelques-uns pour l'intérêt de la mission, ou encore pour la vision de l'entreprise. Alors que la crise du Covid a profondément remis en question le rapport au travail, à l'heure où la crise climatique refonde le modèle économique, je gagne beaucoup à m'interroger sur mon « pourquoi ? » personnel, afin de mieux définir un « pourquoi ? » collectif. Pour cela, la conscience est nécessaire, et tellement difficile. Il ne se passe pas une journée sans que j'y réfléchisse, et la seule chose que je sais, c'est de justement ne rien savoir. J'ai tellement péché par excès de confiance ou d'optimisme. Les managers les plus inspirants que j'ai connus sont justement ceux qui passaient leur temps à me poser des questions, et à se poser eux-mêmes ces questions. Vous allez me dire que c'est un lieu commun, une banalité. Certes, tout le monde connaît le « doute cartésien ». Eh bien, je vous assure que c'est une rigueur de tous les instants : ne pas se laisser entraîner par l'ivresse des questions opérationnelles, maintenir votre curiosité d'enfant pour revisiter des choses que vous pensiez établies, ou encore avoir le courage de remettre en question ses buts personnels pour mieux tracer un chemin collectif, voilà quelques exemples qui mettent la barre très haut. Une exigence pour vous-même et surtout pour toute la communauté que vous emmenez au quotidien, avec une seule vérité, qui surpasse toutes les autres, loin devant les chiffres, l'avis du patron, les ressentis du management de l'usine, et même votre propre conviction, celle du terrain, du *gemba*.

✓ **Le sentiment.** Que serait la vie sans sentiments ? Je me suis souvent demandé ce qui poussait les gens à se surpasser, à donner le meilleur d'eux-mêmes, à pousser les limites de l'impossible. Il faut la maîtrise technique, et donc pour cela, gérer son temps. Il faut la conscience, définir sa raison d'être, pour soi et pour le collectif, et s'y tenir. Mais cela est-il suffisant ? Assurément non, car le dernier maillon, sûrement le plus insaisissable, est, selon moi, l'émotion, qui elle-même engendre les sentiments. J'ai mis du temps à découvrir cela vraiment (je pense avoir énormément de progrès à faire, si, bien entendu, on peut parler de progrès pour une telle notion). L'émotion, comment la susciter, l'entretenir, l'accepter, la reconnaître, la comprendre, lui donner corps afin qu'elle se déploie positivement dans l'entreprise ? Elle est difficile à définir. Elle est d'abord individuelle, et peut se manifester par la joie (le plaisir de faire partie d'un groupe de travail), ou encore la surprise (l'adrénaline de la panne non résolue). Mais aussi par des émotions plus négatives comme la peur (de fermer l'usine, de perdre son emploi), ou la colère (s'accuser d'avoir raté la formation d'un opérateur ce qui a mené à un gros défaut sur la ligne). Apprendre à reconnaître ces émotions, à les catalyser, c'est cela, en soi, créer un mouvement collectif. Chacun résonne au diapason de ses propres émotions et accueille aussi celles de ses collègues. S'il est si difficile d'exprimer une émotion, c'est pourtant bien souvent le point de départ pour avancer ensemble, résoudre ses différends, ses incompréhensions. Parfois ça marche, et puis sans raison, on sent les choses moins bien. On se rend alors sur le terrain, pour comprendre, et on encourage son équipe à le faire.

Directeur d'usine, voilà décidément un métier qui ne s'apprend pas autrement que par l'expérience des autres, et l'observation de vos prédécesseurs. Ce métier est tellement riche qu'il vous transforme. Sans doute les trois notions que nous venons de développer sont importantes pour tout métier de management ou de direction. Mais je crois que le contexte d'une usine avec ses processus et ses enjeux tellement palpables en font un microcosme qui les révèle avec d'autant plus de force. Prenez du recul, et considérez l'usine comme un système où tous les éléments interagissent entre eux.

Apprenez progressivement à appréhender les paramètres du système : le temps, la conscience, les sentiments, et vous verrez, après de multiples erreurs, que vous pouvez avoir une grande influence. Personne n'a de recette toute faite, mais je tenais à vous partager ces trois notions qui sont des clés, parmi tant d'autres, d'un métier si passionnant.

Conclusion

QUELLES ÉVOLUTIONS POUR CETTE FONCTION ?

Le rôle de DU peut évidemment être une passerelle vers d'autres positions au sein d'entreprises industrielles. Les plus habituelles sont les directions industrielles ou direction des opérations qui consistent à élargir le champ d'actions et de responsabilités à plusieurs sites, qui peuvent ensuite mener à des fonctions de direction générale. Il y a aussi des possibilités d'évolution vers des postes transversaux : gestion de projets, de l'excellence opérationnelle, des systèmes de production, etc. Cette expérience de DU peut même conduire à des reprises ou à des créations d'entreprises pour ceux qui se découvrent une fibre entrepreneuriale.

Mais la variété, les enjeux et la passion associés à cette fonction peuvent aussi conduire à unifier métier et travail[1], c'est-à-dire à poursuivre dans d'autres sites, de tailles similaires ou différentes, à relever des défis dans d'autres contextes dans les mêmes types d'activités ou dans des secteurs totalement différents.

Rester DU durant de nombreuses années ou même durant le reste de sa carrière n'a rien d'anormal ou de déshonorant, d'autant

1. Un métier étant ce qu'on sait faire, alors qu'un travail est ce que l'on ait faire dans un temps donné.

plus que la fonction sera amenée à évoluer dans les prochaines années du fait de plusieurs facteurs :

- ✓ Nous l'avons déjà évoqué, il y a en France une volonté de réindustrialisation, indissociable des usines et donc des DU.
- ✓ Parce que le monde change (comme toujours nous direz-vous), l'usine du futur changera radicalement le métier. Il n'est déjà plus le même que celui que nous avons connu à nos débuts, migrant d'une position technique et d'un management paternaliste à un rôle de gestionnaire. Les usines elles-mêmes ont évolué bien sûr au gré de l'automatisation, de l'informatisation et de leur raréfaction, mais ce que certains appellent la troisième révolution industrielle amène des changements bien plus radicaux encore. Même si l'usine du futur est plus à construire qu'à venir[1], la fonction de DU en sera considérablement modifiée. La masse de données à disposition, l'interconnexion entre toutes les composantes de l'usine (hommes, machines, fournisseurs, clients...) renforceront certaines caractéristiques mentionnées, notamment la capacité à décider vite et à communiquer avec de multiples interlocuteurs, et en requerra d'autres comme l'adaptabilité et l'ouverture aux nouvelles technologies. Le DU ne pourra plus dresser un mur opaque autour de son usine, rendant presque mystérieuses les opérations qui s'y produisent. Celle-ci sera totalement transparente. Toutes les informations seront de plus en plus disponibles immédiatement et par tout le monde.

Les problématiques environnementales incluant l'énergie modifieront aussi en profondeur les usines et la façon de les piloter. Fabriquer à l'heure avec la qualité demandée et au bon coût ne sera plus suffisant. La minimisation de l'impact environnemental à toutes les étapes de la chaîne de valeur est ou sera

1. Nous nous étonnons toujours des livres sur ce sujet qui prennent des vœux encore pieux pour des acquis alors que nous n'avons pas vu le centième de ce qu'ils affirment dans les usines dans lesquelles nous avons travaillé ou celles que nous avons visitées.

cruciale. Nous voyons en ce sens des exemples (rares, certes, mais qui commencent à apparaître) de modifications des modes de production, de l'organisation du travail[1]. Cela ne constitue pas seulement un domaine supplémentaire qui demande l'attention du DU, mais une nouvelle façon de penser l'usine.

On attendra de plus en plus des usines la prise en compte des aspects sociaux et sociétaux, d'autant plus qu'il y a un consensus et aussi une pression pour ramener ou créer des sites industriels en France. Le DU ne sera pas seul face à ces attentes et attitudes nouvelles des salariés des usines, de l'environnement extérieur proche, il sera épaulé par son équipe, mais, dans tous les cas, il jouera un rôle clé pour attirer et fidéliser les talents dans l'industrie. Il devra faire preuve de créativité, d'audace aussi, parfois pour lancer et promouvoir des innovations visant à rendre son usine attractive non seulement pour ses équipes actuelles et futures, mais aussi pour la communauté locale.

Vous l'aurez compris, nous sommes animés d'un profond respect pour les DU et leurs équipes. Nous espérons que cet ouvrage leur apportera des jalons utiles et des modes d'emploi qui contribueront à la performance des usines, essentielle à la réindustrialisation du pays.

---

1. Le site de production Accuride près de Troyes supprime le poste du matin trop énergivore pour le remplacer par des postes de nuit.

87117 - (I) - OSB 80° - BPE - DNN
Dépôt légal : mars 2025
Achevé d'impression par
la Nouvelle Imprimerie Laballery 58500 Clamecy
N° d'impression : 501734
Imprimé en France